Petite philosophie des oiseaux

Des mêmes auteurs
(bibliographies sélectives)

Philippe J. Dubois

Pour ceux qui ne veulent pas finir grillés comme des sardines. Petit manuel climatique, Points, 2015
Les tribulations d'un chercheur d'oiseaux, éditions de La Martinière, 2014
La grande amnésie écologique, Delachaux et Niestlé, 2012.
365 jours avec les oiseaux, éditions de La Martinière, 2010
Le syndrome de la grenouille, Delachaux et Niestlé, 2008
Vers l'ultime extinction ? La biodiversité en danger, éditions de La Martinière, 2004
Un nouveau climat, éditions de La Martinière, 2003

Élise Rousseau

Tout pour ma poule, Delachaux et Niestlé, 2012
Petit atlas des oiseaux, avec Philippe J. Dubois, Delachaux et Niestlé, 2007
L'Almanach des oiseaux, sous la direction de G. Lesaffre, Delachaux et Niestlé, 2006
La France à tire-d'aile, comprendre et observer les migrations d'oiseaux, avec Philippe J. Dubois, Delachaux et Niestlé, 2003

Philippe J. Dubois et Élise Rousseau

Petite philosophie des oiseaux

Éditions
de La Martinière

Le texte « Philosophie de la poule au bain » est extrait
du livre d'Élise Rousseau, *Tout pour ma poule*, paru en 2015.
Il est reproduit avec l'aimable autorisation
des éditions Delachaux et Niestlé.

ISBN : 978-2-7324-8279-8

À Pierre et Anne

Introduction

Un merle, posé sur un muret, tout noir, le bec jaune, l'œil brillant. Regardez-le bien. N'est-il pas content d'être un merle ? Sautillant dans le gazon, à l'affût d'un ver de terre : ne semble-t-il pas totalement comblé par son existence ? Si nous étions aussi satisfaits de nous-mêmes et de notre vie que lui, notre quotidien serait sûrement plus léger.

Dans les contes et légendes, les oiseaux ont souvent un rôle instructeur, initiateur, porteur de messages. L'Oiseau bleu de Maeterlinck représente le bonheur. Dans *La Conférence des oiseaux*, recueil de poèmes médiévaux persans racontant le voyage initiatique de trente oiseaux pèlerins à la recherche de leur roi, chaque oiseau symbolise un comportement humain. Les oies sauvages de Selma Lagerlöf emmènent le jeune

Nils Holgersson dans un voyage aussi fabuleux qu'initiatique, duquel il reviendra changé à jamais.

L'emblème de la déesse grecque de la sagesse, Athéna, était un oiseau : la chevêche, une petite chouette ronde aux yeux dorés. Les cigognes pleines de grâce, amies des parents, étaient censées apporter les bébés dans les foyers. Et c'est sans parler de la blanche colombe, qui tient dans son bec le rameau d'olivier, symbole biblique de paix, ou des agiles hirondelles dont le retour célèbre, en Europe, le printemps.

Au XXIe siècle, quelles leçons les oiseaux ont-ils encore à nous délivrer ?

À travers ces courtes réflexions ornithologiques, nous découvrirons que ces êtres vivants peuvent en réalité se révéler de petits maîtres à penser : ils nous amènent à réfléchir sur nous-mêmes, pour peu que nous nous donnions la peine de les observer – nous qui pensions pourtant être au sommet de l'évolution, autoproclamés « maîtres du monde » ! En effet, au tamis des multiples études scientifiques autant que sociologiques et comportementales, mais aussi des symboles littéraires et mythologiques qu'ils incarnent depuis la nuit des temps, les oiseaux ne pourraient-ils pas se présenter comme un miroir sans concession d'*Homo sapiens* ? Et si nous prenions le temps de méditer sur ce que ces animaux ailés ont à nous apprendre ? Dans leur vie sociale, leur façon de séduire, leur parentalité ou même leur manière de se laver ?

Comment les oiseaux conçoivent-ils l'amour ? Fidèles ou polygames ? Calmes ou débridés ? Pourquoi certains sont-ils d'impénitents voyageurs, tandis que d'autres restent d'irréductibles casaniers ? Vaut-il mieux élever longtemps ses petits ou les aider à se débrouiller le plus vite possible ? Pourquoi les tourterelles sont-elles les reines du partage des tâches ménagères, tandis que les combattants variés[1] sont d'affreux machos ? Comment les oiseaux vivent-ils au quotidien, affrontant la pluie, le vent, la nuit, observant les levers de lune et les crépuscules étoilés ? Est-il vrai qu'ils se cachent pour mourir ?

Ces réflexions, s'appuyant sur les résultats des recherches les plus récentes, mais aussi sur notre approche intime des oiseaux au travers de longues heures d'observation le long des rivières, dans les forêts tropicales ou sur les dunes ventées des déserts du monde entier, nous ont convaincus qu'il y avait, dans le monde ailé, quelques

1. Nom de l'espèce.

enseignements à retenir. Discrets maîtres de vie, les oiseaux, dans leur spontanéité et leur légèreté, ont beaucoup à nous dire, pourvu qu'on les écoute.

Accepter la fragilité en soi

L'éclipse du canard

La vie des oiseaux, comme la nôtre, est traversée par toutes sortes d'événements qui sont des petites morts et des renaissances. La mue, par exemple. Perdre son plumage pour en acquérir un plus beau, c'est un peu apprendre à se renouveler tous les ans, quitte à passer par une phase difficile pour y parvenir. Même si nous perdons quelques cheveux et quelques poils, nous ne connaissons pas, nous autres humains, ces périodes de mue : or il nous serait, à nous aussi, parfois nécessaire de muer. Lors de certains moments clés de la vie – chagrin d'amour, deuil, perte d'un travail, déménagement –, il nous arrive tout de même de faire peau neuve, de changer de garde-robe ou de coiffure, de régime de vie. Mais c'est si rare.

Il faut savoir laisser mourir quelque chose en soi pour pouvoir renaître. Et ainsi fait l'oiseau, quand il troque son plumage élimé contre des plumes nouvelles, éclatantes de santé. C'est pour lui vital : il ne pourrait pas voler sans un plumage en parfait état. Et ça l'est aussi pour nous : notre incapacité à muer, à nous détacher du passé, nous empêche trop souvent d'avancer.

Chez l'oiseau, l'époque du changement de plumage est une période de fragilité. Parfois, il ne peut momentanément plus voler, c'est le cas de certains canards. On dit alors qu'ils sont en plumage d'éclipse. Une jolie expression pour désigner ce moment où l'oiseau se met un peu entre parenthèses, attendant que certaines plumes essentielles qui sont tombées repoussent. Il se sait fragile, se fait discret, n'engage rien d'important. Il prend patience. Il attend que le renouvellement s'opère, pour recouvrer toute sa force, toute sa beauté.

Ainsi devrions-nous faire, parfois.

Dans une société qui nous pousse sans relâche à être performants, nous ne savons plus nous mettre en éclipse, prendre le temps nécessaire, lors des périodes fragiles de nos vies, pour nous ressourcer, pour rassembler nos forces. Lors d'un deuil, combien de fois entendons-nous « La vie continue » ? Après un chagrin d'amour, « Un de perdu, dix de retrouvés », après la perte d'un animal de compagnie, « Bon, ce n'était quand même qu'un animal » ? Comme si nous n'avions pas pleinement droit au repli, au chagrin. Pourtant, non, après un deuil, la vie ne continue pas pareil. Et non, cet amour perdu ne reviendra plus. La vie apportera d'autres bonheurs, d'autres rencontres, certes, mais pourquoi ne pas accepter la profondeur de la perte ? On ne nous accorde plus le droit au temps, au temps long de la guérison du chagrin – de la mue nécessaire.

Comment s'étonner, alors, que, dans nos vies, nous ne sachions plus voler, nous à qui l'on coupe si souvent les ailes ? Quand on ne se les rogne pas soi-même…

Accordons-nous la mue, accordons-nous les plumages d'éclipse, dans les petits et les grands moments de nos vies. Alors nous reviendrons plus forts, plus beaux – légers comme des oiseaux.

Petite leçon de parité

La charge mentale des tourterelles

À propos des femelles oiseaux, les hommes se sont construit une image d'Épinal qui les arrange bien, mais qui n'est pas tout à fait conforme à la réalité. Cette image, c'est celle de la femelle couvant avec assiduité et abnégation ses œufs dans le nid bâti par le mâle, tandis que celui-ci se rengorge quelque part, chantant au sommet d'un arbre ou gonflant ses plumes au vu et au su de tous. Puis cette même femelle, pauvrement vêtue de plumes ternes, muette, menant sa couvée avec constance, nourrit les oisillons sans relâche tandis que le mâle s'en est déjà allé vers de nouvelles aventures.

Cette image caricaturale n'est pas toujours fausse. Ainsi, chez les canards. La parure du mâle est souvent multicolore, particulièrement éclatante au printemps, avec de longues plumes.

Le plumage des femelles est au contraire terne, souvent brun, noir et blanc. Merveilleux camouflage en réalité, qui permet à la dame de se confondre avec le sol, les branches, les roseaux et les herbes parmi lesquels elle fait son nid et couve ses œufs. Elle confectionne son nid, s'arrachant parfois des plumes de duvet qu'elle a sur le ventre pour le rendre plus moelleux. Pendant trois longues semaines, elle reste posée là, couvant ses œufs, tapie à l'abri des regards, ne se détachant de la précieuse couvée que quelques instants, pour se dégourdir les pattes et se nourrir un peu. Le mâle, lui, qui a rejoint une bande de mâles, commence dès la fin du printemps à muer, revêtant pour un moment un plumage quasi identique à celui de la femelle. Généralement incapable de voler pendant cette période délicate pour lui, il est alors une proie facile. Si bien que cette mue se produit le plus souvent dans un lieu reculé, loin de tout. Mais d'élevage des jeunes, il n'en est point question. C'est la femelle à la modeste livrée qui l'assume. Sitôt les canetons nés, elle les entraîne vers l'eau et, aussi longtemps qu'ils ne savent pas voler, elle ne les quitte pas d'une palme, toujours vigilante, les protégeant à la moindre alerte et repérant la pitance nécessaire pour nourrir une bonne dizaine de petits becs. Malgré tous ses efforts, la couvée initiale de dix ou douze canetons se réduit sous les assauts répétés des prédateurs. Si bien qu'au moment où les jeunes vont prendre leur envol, il n'en reste en général plus que deux ou trois, et parfois aucun... Une fois les jeunes émancipés, la femelle doit à son tour muer très vite, car pour beaucoup d'espèces, la migration, qui fait partie du cycle annuel, approche à grands pas. Tout cela doit être accompli en quelques semaines. Affaiblie par ce travail, ses chances de survie sont plus faibles que celles de son compagnon, si bien qu'il n'y a finalement rien d'étonnant à constater que, chez certaines espèces de canards, le nombre de mâles est supérieur à celui des femelles !

À l'opposé de cette figure de femelle dévouée qu'incarne la cane, il y a celle, bien moins connue (et bien moins fréquente, il est vrai, dans la nature), de la femelle dirigeant les opérations – le mâle exécutant alors les consignes de sa dame. C'est le cas dans la grande famille des limicoles, qui groupe l'ensemble des petits échassiers (chevaliers, bécassines, pluviers, bécasseaux, etc.), tous ces « coureurs de grève » que l'on voit au cours des migrations ou en hiver, sur le littoral vaseux, rocheux ou sableux de nos côtes. Parmi ces espèces où le mâle fait tout, on peut mentionner l'ensemble des phalaropes et le guignard d'Eurasie. Les premiers sont des oiseaux peu connus : ils nichent dans la toundra arctique et, sitôt la reproduction terminée, partent passer le reste de leur existence… en pleine mer, ce qui est tout à fait remarquable pour des oiseaux terrestres. Le second, le guignard (proche des pluviers), est une belle espèce, également du Grand Nord. Ses migrations l'emmènent vers l'Afrique du Nord et le Moyen-Orient en période hivernale. Elle est connue pour être particulièrement peu farouche à l'égard de l'homme. (Pourquoi le serait-elle, dans l'immensité de la toundra ?)

Chez ces espèces, c'est la femelle qui joue le rôle plus souvent dévolu au mâle. En effet, c'est elle qui possède le plumage nuptial le plus coloré, quand celui du mâle est sans éclat particulier. C'est elle qui assume l'ensemble des parades nuptiales, choisissant un ou plusieurs mâles avec le(s)quel(s) elle va s'apparier. Poursuites, pseudo-combats entre femelles, parades autour du mâle, elles mènent le jeu de la séduction. Ensuite, après avoir donné un vague coup de main pour creuser une excavation qui va servir de nid, la femelle dépose ses œufs et… s'en va. Charge au mâle de couver le tout pendant près de trois semaines. Solitaire et célibataire, c'est donc lui qui va devoir élever toute la tribu. Il arrive parfois que la femelle revienne et qu'elle s'arroge le droit de donner l'alarme pour défendre la couvée quand se présente un danger. Mais le mâle, qui n'apprécie guère qu'elle vienne mettre son grain de sel, la chasse bien souvent. Les poussins sont nidifuges : ils quittent le nid sitôt nés et sont capables de se nourrir seuls, sous la conduite d'un parent. Le mâle, en l'occurrence. Il faut croire que même s'il prend son rôle à cœur, il n'est peut-être pas aussi assidu qu'une femelle, car bien souvent il quitte la nichée avant que celle-ci soit en capacité de bien voler.

Autre solution originale adoptée par certains oiseaux : deux couvées, une pour le mâle, une pour la femelle, et chacun se débrouille avec la sienne ! C'est le cas de certains petits échassiers du Grand Nord. Ainsi, chez les bécasseaux, la « vie conjugale » ne dure que quelques semaines à peine. Le temps que la femelle s'accouple avec un mâle (parfois plusieurs), dépose une première ponte dans un nid, puis une seconde dans un autre, chaque partenaire s'occupant ensuite seul, chacun de son côté, du nid et de la couvée en question. On peut s'interroger sur le pourquoi de ces familles monoparentales. La réponse est assez simple : ces oiseaux restent finalement peu de temps à ces latitudes très septentrionales où la fenêtre optimale de recherche alimentaire et de météorologie favorable est étroite. Ainsi, en faisant deux pontes, chacune laissée à l'un des parents, ces espèces optimisent le temps imparti sur place et, surtout, augmentent les chances de succès de la reproduction.

Mais ces exemples ne sont pas la norme.

L'altérité est ainsi plus souvent de mise pour l'élevage de la couvée, ce qui, on s'en doute, est la meilleure stratégie pour l'espérance de survie de la progéniture. À deux, c'est plus facile que seul(e). Ainsi, les tourterelles sont des monogames assumées et pourraient incarner un modèle féministe !

Chez elles, le partage des tâches dans le couple est tout à fait équilibré. L'entraide est le maître mot. À charge pour le mâle de ramasser les brindilles et les branchettes pour un nid, et à la femelle d'assembler les matériaux pour construire ce nid, finalement assez sommaire. Idem pour la couvaison : mâle et femelle se relaient nuit et jour pour couver les deux œufs. Et tous deux nourriront les jeunes jusqu'à leur envol, deux semaines plus tard. Altérité bien ordonnée… Les tourterelles forment une véritable équipe.

Cette solidarité sans faille trouve son explication dans le fait que les nichées de tourterelles sont souvent la proie des prédateurs et que le nid, lui-même assez fragile, ne résiste pas forcément aux intempéries. Les nichées ne vont pas à leur terme et il est alors nécessaire de se remettre à l'ouvrage. Un couple uni, monogame, est une bonne réponse à cette situation, tellement bonne que si les jeunes d'une première ponte sont menés sains et saufs jusqu'à leur envol, les adultes rempilent peu de jours après. Si tout va bien, on voit ainsi des tourterelles mener avec efficacité plusieurs reproductions entre les derniers jours de l'hiver et les premiers de l'automne.

Les oiseaux présentent donc toutes les stratégies possibles de répartition des tâches entre mâle et femelle. Ne retenir chez ces animaux que ce qui arrange la conscience masculine et pourrait justifier certains comportements machistes est sans doute dès lors une petite stratégie pour se dédouaner… Il n'y a qu'à lire certains textes anciens où les écrivains naturalistes (mâles, faut-il le préciser) portaient aux nues une vision idyllique de la femelle dévouée à sa couvée, qui, même délaissée, n'hésitait pas à se sacrifier pour la pérennité des rejetons.

Certes, on ne savait peut-être pas encore que les femelles de certaines espèces tenaient le rôle inverse, mais depuis lors, ces découvertes n'ont toutefois pas fait l'objet de grande publicité !

S'il y a donc une chose à retenir, c'est que la majeure partie des oiseaux considèrent ce partage des tâches comme la solution optimale, et ce sans doute bien avant nous !

L'art de la bonne habitude

Quand les oiseaux nous enseignent la beauté du quotidien

Les oiseaux sont des êtres d'habitudes. Il y a le moment pour manger, celui pour boire, celui pour la sieste ; la saison pour la séduction, la reproduction, l'élevage des jeunes ; les périodes de migrations pour ceux qui ne sont pas sédentaires, etc. Leur cycle de vie obéit à un schéma bien précis, bien réglé. Mais ces habitudes sont moins la marque de rituels figés qu'un mouvement qui suit le rythme de la nature : lever et coucher du soleil, dont l'heure change au fil de l'année, nuits plus ou moins lumineuses, ponctuées par les phases de la lune – sans compter les permanentes variations météorologiques et saisonnières ! Pluie, vent, canicule, brume, orage : pour eux qui vivent dehors, la vie est très loin d'être « routinière » ! Les oiseaux doivent en permanence s'adapter à ce que leur réserve chaque jour nouveau, en bien comme en mal.

Il faut savoir par exemple qu'ils n'aiment pas trop la pluie et le vent. Ce n'est pas par ces temps-là que vous les verrez voler. Ils se cachent au fond d'un arbre, à l'abri du feuillage, comme s'ils ne voulaient plus entendre parler de rien. Les propriétaires de poules le savent bien : s'il pleut ou s'il neige, elles ne pointent pas leur bec hors du poulailler. Elles restent perchées, parfois des jours entiers, neurasthéniques, l'œil morne, en attendant que ça passe. Mais à la moindre éclaircie : hop, tout le monde dehors, à gratter, gambader et profiter !

Si nos vies nous semblent parfois monotones (le fameux « métro-boulot-dodo »), c'est qu'enfermés que nous sommes dans nos bureaux, devant nos ordinateurs, nous ne voyons pas les saisons défiler. Alors le temps passe, repasse, trépasse. Devenus sédentaires pour la plupart, passant nos vies cloîtrés des heures durant, nous nous déconnectons des surprises qu'offre chaque journée, chaque heure, chaque minute. Absorbés par notre écran à nous en faire mal aux yeux, nous avons à peine aperçu la petite giboulée matinale par la fenêtre. Nous n'avons pas senti le vent forcir, ni ressenti la douceur du soleil sur notre peau. « Quel temps fait-il chez toi ? » demande un parent lointain au téléphone. Nous avons presque honte d'y avoir si peu prêté attention : « Euh, attends, je regarde par la fenêtre… oui, c'est un peu nuageux… » Nous avons à peine eu le temps de profiter du printemps… et c'est déjà l'automne. Tout passe en un éclair, au rythme de journées toutes semblables, où nous ne voyons pas l'herbe pousser, les fleurs éclore, les raisins se gorger de sucre au soleil. Les hirondelles se sont rassemblées sur les fils et sont parties pour leur longue migration, disparaissant pour tout un hiver, incorrigibles voyageuses – mais les avons-nous vues quitter le ciel ? Avons-nous noté la disparition de leur gazouillement ? Non. Et remarquerons-nous seulement leur retour, au prochain printemps ? Sans doute pas plus.

Mais ceux qui travaillent au grand air, qui vivent dehors comme les animaux, voient venir et partir les hirondelles. Tout autant que la fauvette ou le troglodyte qui furètent dans les buissons, ils sont témoins des petits événements naturels qui ponctuent le temps. Ils savent que la vie n'est pas monotone. L'agriculteur qui scrute les nuages, à l'affût de la pluie, le forestier, le marin, le guide de haute montagne : face aux éléments naturels, il faut souvent s'adapter, changer ses plans, anticiper, râler aussi parfois, quand rien ne va comme on le voudrait. Dès qu'on est dehors, la vie est plus inattendue. Et il est même bien agréable de s'inventer de petites habitudes lorsqu'on doit affronter tous les jours l'instabilité des éléments. Le café de onze heures réconforte, tout comme le film du dimanche soir. Les habitudes nocives génèrent de l'ennui et rendent nos vies mornes, elles nous enferment, nous possèdent, nous sclérosent ; mais d'autres ont de vraies vertus : elles structurent nos vies, rythment le temps. Elles sont nécessaires à l'oiseau qui revient chaque année faire son nid au même endroit, comme à l'humain qui aime retrouver un lieu où il s'est forgé de bons souvenirs. Dans une vie déjà riche et pleine d'imprévus, l'habitude devient alors un ancrage, une balise, un repère. Même les plus grands aventuriers ont leurs petits rituels quand ils partent en voyage, eux qu'on ne peut accuser d'avoir une vie pantouflarde.

Alors si nous devions retenir une seule leçon des oiseaux, ce serait sûrement celle-ci : se reconnecter à la nature, pour une vie bien plus riche de sensations et d'imprévus !

Et si, dans nos petites routines, nous intégrions justement celle d'observer plus souvent le monde qui nous entoure ? D'aiguiser nos sens, nos yeux, notre odorat, nos oreilles, pour ne plus être hermétiques à notre environnement, pour mieux ressentir toutes nos interactions avec lui ? De regarder planer un oiseau, de prendre le temps d'écouter le gazouillis des hirondelles, le chant flûté du merle, de se relever la nuit pour voir la grosse lune surgir à l'horizon, pleine et belle, tandis que la chouette hulotte rompt le silence de son hululement mystérieux. Dès lors qu'on laisse la poésie s'engouffrer dans sa vie, on dit adieu à la monotonie.

Qu'avons-nous fait de notre sens de l'orientation ?

Les Mongols, la barge et le coucou

Juin 2016, quelque part au fin fond du désert de Gobi, en Mongolie, l'un des endroits les plus reculés et les plus hostiles de la planète. Une expédition constituée de cinq Français et de six Mongols. Dans les véhicules, aucun GPS, pas de possibilité d'utiliser un téléphone portable : nous ne captons rien. Pas plus de cartes, d'ailleurs. À quoi serviraient-elles ? Il n'y a pas de route.

Pour nous guider, des hommes, seulement des hommes. Mongols, bien sûr. Se repérant à la forme des montagnes, à des détails subtils de la nature échappant totalement aux Européens. Car ici, sur des dizaines de milliers de kilomètres carrés, ce n'est que moutonnement de petites collines, lignes de sommets de montagne, plaines immenses recouvertes de gravillons, multitude de petits oueds qui se perdent dans des gorges. Tout ressemble à tout et l'œil occidental ne mémorise rien, ne repère rien qui pourrait le guider. Seuls, nous serions perdus depuis longtemps.

Un soir, alors que l'on remarque d'anciennes pistes qui s'entrecroisent à l'infini, le chef d'expédition mongol indique au chauffeur par où passer, très sûr de lui. « La dernière fois que tu es venu ici, lui demande-t-on, curieux de le voir se diriger dans ce désert avec une telle aisance, c'était quand ? – Oh ! répond le chef d'expédition, il y a vingt ans… » Silence médusé dans le camion. Pourtant, nous ne nous sommes jamais égarés. Après avoir pris un semblant de piste entre deux montagnes totalement identiques à leurs voisines, nous avons atteint le lac au bord duquel nous devions passer la nuit. Nomades, les Mongols, comme quelques rares autres peuples sur terre, ont conservé leur sens de l'orientation instinctif, profondément ancré – comme les oiseaux migrateurs. Mais nous, pauvres Occidentaux, qu'en avons-nous fait ?

Comme les Mongols, les oiseaux n'ont ni boussole, ni GPS, ni carte. Et ils ont pourtant tout cela à la fois.

Prenons la barge rousse. Ce petit échassier (appelé aussi limicole, « celui qui habite la vase, la boue »), proche des courlis, passe sa vie sur les marais côtiers, les estuaires, et, au printemps, va nicher dans l'Arctique. On a ainsi découvert, chez un oiseau muni d'une balise satellite, que cette espèce est capable de franchir d'un trait la distance entre l'Alaska et la Nouvelle-Zélande, soit plus de onze mille cinq cents kilomètres… Cela signifie voler une semaine complète à une vitesse de soixante-dix kilomètres à l'heure ! Pour un individu d'un poids total de deux cent cinquante grammes… Et durant ce vol sans escale, la barge rousse dort en ne mettant en sommeil que la moitié de son cerveau – imaginons-nous un instant dormir ainsi, sur un seul hémisphère, pendant que l'autre tapoterait sur un smartphone ou conduirait la voiture…

Quant au coucou, chez lui, le voyage est inné. Il a vu le jour dans le nid d'un autre, sans ses parents coucous pour s'occuper de lui. Et, par une belle soirée de juillet, il s'envole vers l'Afrique, voyageant de nuit, sans aucune expérience préalable. Comment fait-il pour rejoindre une profonde forêt d'Afrique équatoriale dans laquelle il n'a jamais posé les pattes, où il restera six mois avant de revenir dans la région où il est né ? Quel sens, poussé à l'extrême, ont ces oiseaux que nous n'avons pas – ou que nous aurions perdu ?

Contrairement aux Mongols et aux oiseaux migrateurs, nous avons totalement oublié notre sens de l'orientation. Nous ne savons plus lire le paysage, les étoiles, la nature. Ceux-ci sont devenus le décor muet de notre environnement. Nous sommes des voyants aveugles qui marchons et roulons en suivant les indications d'une voix mécanique sortie du GPS. Nous avons confié à d'autres – ou pire, à des machines – le soin essentiel de nous guider. Que ferions-nous si nous étions lâchés en pleine nature, ne serait-ce qu'à cinquante kilomètres de chez nous, sans possibilité de demander notre chemin ou de consulter une carte ? Combien de temps errerions-nous avant de, peut-être, retrouver la bonne route ? Et ne perdons-nous pas, de ce fait, la chose la plus importante du voyage, ce qui ferait de nous des hommes puissants : la capacité fondamentale de s'orienter, d'avancer par nous-mêmes dans la bonne direction ? Comment s'étonner que nous ayons si souvent le sentiment d'être un peu perdus dans nos propres vies, nous qui ne savons plus réellement nous diriger ? Nous avons la prétention de tout connaître, tout maîtriser, mais dans la nature, même « civilisée », nous sommes aussi vulnérables qu'un oisillon.

Comme les Mongols, il est encore des peuples par le monde – mais ils sont devenus rares – capables de se diriger seuls au plus profond d'un désert ou d'une forêt. Sans doute notre cerveau est-il moins sophistiqué, en termes de navigation, que celui de la barge rousse ou du coucou. Soit. Mais nous pouvons tout de même suivre un chemin grâce aux étoiles et, pourquoi pas même, en analysant la lumière polarisée du soleil.

Avons-nous vraiment perdu ce sens essentiel ? En cas de nécessité, l'être humain, en quelques jours, en quelques mois, en quelques générations, serait-il capable de réveiller cet instinct archaïque ? Comment le savoir ? Aujourd'hui, nous voyageons pour le plaisir, sans souci du « comment y va-t-on », sauf à trouver un billet d'avion au prix le moins cher. On abolit les distances, et donc le temps, au détriment d'un sens qui nous fait désormais presque totalement défaut.

Quand elle vole, à quoi pense la barge rousse durant ces sept jours au-dessus de l'océan Pacifique, entre ciel et mer ? Comment s'écoule son temps à elle ? Un jour, elle décroche, perd de l'altitude, se rapproche du sol, et commence à voir le lacis des marais et des rivières du Haut-Arctique, où tout se ressemble. Elle se pose finalement, éreintée, à l'exact endroit où elle a niché l'année précédente.

Nous nous déplaçons aujourd'hui bien plus rapidement qu'un vol de barges ou de sternes – mais où est le véritable progrès ?

Alors qui sait ce qui fait partir le coucou et tous les autres oiseaux migrateurs… Ce qui importe, est-ce le « pourquoi » ou le « comment » de nos déplacements ? Avant nos propres « migrations » estivales, nous compulsons des guides, des cartes, internet puis, pendant notre voyage, nous avons à notre disposition radio, GPS, signalisation, bref, tout un arsenal pour nous garder dans le droit chemin. Les oiseaux migrateurs, eux, n'ont que leur propre détermination, la mer, les montagnes et tout le paysage sous leurs ailes, les étoiles, le soleil, la lune. Et s'ils ne meurent pas en route, ils arrivent généralement à bon port.

La migration des animaux – et singulièrement des oiseaux – reste encore en grande partie un mystère. Une chose est sûre : ils sont des êtres en totale possession de leurs moyens, maîtrisant parfaitement leurs capacités. Les Mongols nomades le sont encore. Nous autres, Occidentaux, ne le sommes plus. La perte progressive d'un instinct est une forme de régression – y compris pour l'espèce humaine – que les acquisitions technologiques ne compensent pas.

Pensez aux oiseaux, la prochaine fois que votre GPS tombera en panne !

C'est quoi, finalement, la famille ?

Morale du coucou et de l'oie

Nous croyons savoir, comme une évidence, ce que veut dire le mot famille. Pourtant, cela n'est pas si simple. Pour les oiseaux par exemple, la notion de famille est large. Cela va du coucou, qui abandonne son petit avant même sa naissance, aux oies et aux grues, chez qui le lien familial perdure bien au-delà de l'envol des jeunes.

Alors, qu'est-ce qu'une famille ? Est-ce une construction innée, indissociable de la reproduction, ou un aboutissement de l'évolution ? Les amibes n'ont pas de famille. C'est principalement chez certains animaux supérieurs, surtout les mammifères et les oiseaux, que l'on trouve, de façon plus ou moins complexe, la notion d'entité familiale.

Chez les humains, la famille, c'est en réalité un peu compliqué à définir. Car une dimension culturelle très forte s'en mêle, et tout le monde n'est pas d'accord sur ce qu'est une famille ; certains n'en autorisent qu'une forme tout à fait classique (un homme, une femme, des enfants), quand d'autres acceptent différentes possibilités (famille monoparentale, famille recomposée, famille homoparentale, etc.), ce qui génère des débats sans fin et parfois hostiles. Ceux qui n'en autorisent qu'une forme très classique en appellent souvent à la « nature » ou à la « biologie » pour argumenter leurs idées, mais ils oublient que la nature est très souple sur cette question. La définition de la famille par la nature pourrait être quelque chose comme : association d'individus permettant d'élever des jeunes efficacement. Et c'est tout. Peu importe qui sont ces individus, l'essentiel est que le jeune grandisse et devienne autonome à son tour.

La famille est le lieu où va se mettre en place le processus éducationnel du jeune. Il faut pour cela avoir des parents attentifs, qui entourent, apprennent et protègent. C'est le monde idéal. Dans la réalité, il y a des parents indignes, d'autres qui « couvent » trop leur progéniture, des pères absents, des mères peu concernées. Chez les oiseaux aussi !

Le coucou est, à nos yeux humains pleins de morale, un cas d'indignité. Le couple ne se rencontre que pour se reproduire, puis se sépare. La femelle va pondre son œuf dans le nid d'une autre espèce puis s'en va, le forfait accompli. À charge pour les parents-hôtes bernés par le coucou de nourrir un petit qui n'est pas de leur espèce, souvent quatre fois gros comme eux, et qui aura, au préalable, éliminé tous ses frères et sœurs de couvée en les expulsant soigneusement hors du nid. Et pourtant, les parents-hôtes, portés par leur instinct de reproduction, tiennent bravement leur rôle envers le poussin coucou. Il faut également noter que, hormis cette histoire de coucou, il existe de nombreux cas d'adoption – volontaire cette fois – chez les oiseaux, au sein d'une même espèce ou même interespèces. L'être humain n'est pas le seul à pouvoir adopter !

Chez un certain nombre d'oiseaux, le père n'est là que pour procréer. La chose faite, il laisse la mère couver et élever la progéniture. Les canards sont les champions de ce mode de fonctionnement. Chez certains petits échassiers, c'est la femelle, une fois les œufs pondus, qui s'en va et laisse, nous l'avons vu, son partenaire en charge de famille. Enfin, il existe des oiseaux modèles de notre société judéo-chrétienne :

les grues, les cygnes et les oies, ou encore les cigognes chez qui les deux parents assurent la couvaison et l'élevage des jeunes. Mais chez ces derniers aussi, des nuances existent dans la façon d'élever les petits.

Si les cigognes se débarrassent de leurs cigogneaux sitôt qu'ils sont émancipés, ce n'est pas le cas chez les autres espèces où les rejetons peuvent rester avec leurs géniteurs plusieurs semaines après l'envol. Pour les oies, chez lesquelles le lien social est très fort, cela va plus loin encore. En effet, la famille maintient les liens parentaux jusqu'au premier hiver inclus, ce qui est beaucoup dans le règne animal. C'est une nécessité pour ces oiseaux migrateurs ; ainsi, les jeunes oies apprennent à connaître les voies de migration et les quartiers d'hivernage. Le lien va peu à peu se distendre au cours de l'hiver, si bien qu'avec les beaux jours, les adultes vont rejeter leurs jeunes.

Mais la vie en communauté existe aussi chez les oiseaux ! Certains d'entre eux élèvent en effet leurs jeunes « en groupe ». Chez les flamants roses, qui vivent en colonie, les parents mutualisent l'élevage des jeunes : quelques jours après l'éclosion, ceux-ci rejoignent d'autres poussins et constituent une « crèche », plus facile à surveiller pour les adultes. Les parents viennent y nourrir leur petit, qu'ils reconnaissent.

La famille prend donc une multitude de formes chez les oiseaux, de la monoparentalité à la vie en groupe ! Mais ce qui est frappant, chez eux, c'est que ce sont les parents qui rompent le lien avec leur(s) petit(s), en leur signifiant parfois brutalement qu'il est temps désormais pour eux de se débrouiller seuls. Ce sevrage psychologique, qui intervient souvent après le sevrage alimentaire, se déroule même parfois de façon un peu agressive si le jeune insiste trop. On peut l'observer facilement dans une basse-cour : un juvénile sevré qui continue de trop suivre sa mère sera franchement repoussé à coups de bec par cette dernière.

Chez aucune espèce, pas plus chez les oiseaux que chez les mammifères, les jeunes ne restent aussi longtemps avec leurs parents que chez l'homme. La durée de dépendance du jeune chez l'espèce humaine serait-elle devenue pathologique ? L'adolescence, période de tensions entre parents et enfants, est le moment où, naturellement, le parent humain éprouve le besoin de « sevrer » son jeune, et le jeune celui de prendre son indépendance. Aucun oiseau n'a envie de donner la becquée à un grand jeune sexuellement mature, et l'irritation des parents humains envers leurs ados relève certainement aussi de quelque chose d'archaïque et de bien ancré instinctivement. Mais les parents humains sont incités à faire preuve de patience envers leurs grands ados, et les grands ados à refouler leur envie de partir s'ils veulent faire des études : chacun doit donc réprimer et différer pendant encore plusieurs années le processus naturel de l'émancipation, situation qui n'existe bien sûr pas chez les animaux. Car la complexité de notre société et tous les savoirs à acquérir pour y vivre ne rendent pas cet envol aisé. De plus, il faut souligner qu'aucun animal ne compte sur son petit pour s'occuper de lui quand il sera vieux ! Chez le chimpanzé, dont la durée de vie est d'environ quarante à cinquante ans, le jeune est émancipé à cinq ou six ans. Il aura donc passé de 10 à 15 % de son existence dépendant de ses parents. Chez l'oie cendrée, cela représente entre 6 et 8 % de la durée de vie moyenne. Chez *Homo sapiens*, c'est environ 25 %. Et parfois nettement plus.

Chez l'homme, la famille s'est enrichie d'un cortège de schémas sociaux et de paramètres éducatifs qui en font une construction sociale complexe, mais qui en même temps l'artificialisent et la déconnectent de la réalité physiologique et environnementale. Et dans le même temps, la famille est le lien, l'ancrage dans lequel les générations futures peuvent se construire. Elle s'étend bien au-delà du simple noyau parents-enfants. Elle sert de référent à la vie d'adulte. C'est en cela qu'elle dépasse son état naturel. Avec le temps, la famille humaine s'est profondément différenciée de la famille animale. Ce qui est une étape de l'existence, un simple maillon initiatique pour l'oie ou la cigogne, est une communauté vitale de relations interindividuelles indispensables avec ses règles et ses tabous pour toutes les sociétés humaines. Les hirondelles, elles, ne sont pas obligées de fêter Noël !

Où se trouve le vrai courage ?

L'aigle et le rougegorge

Nous aimons, nous, humains, porter un regard anthropomorphique sur le vivant qui nous entoure. À tout prix, nous voulons donner un langage aux fleurs. La rose voudrait dire ceci, le bleuet cela. Une vision des choses très sentimentale... Dès qu'on s'intéresse aux animaux, et singulièrement aux animaux supérieurs, on attribue à certains des postures, des comportements ou des attitudes qui ne sont que le fruit d'une interprétation subjective.

Prenons l'aigle, symbole de la force et du pouvoir (un peu le « lion » des oiseaux, en quelque sorte). On ne compte plus les pays ou les partis politiques qui l'ont pris comme emblème. Certes, comme la plupart des rapaces, son vol est majestueux, se jouant de l'air et des obstacles. Son œil jaune lui donne un regard dur, glaçant – peut-on dire « viril » ? Grâce à sa vue incomparable (le fameux « regard d'aigle » !), il est capable de détecter le moindre mouvement à plusieurs centaines de mètres de hauteur. Mais le miracle tient tant qu'il n'ouvre pas le bec : ses vocalises sont à peu près aussi gracieuses que celles d'un édenté. Par ailleurs, c'est un partisan du moindre effort, qu'on ne verra jamais, contrairement aux faucons par exemple, se livrer à des vols endiablés pour capturer ses proies. Oh que non : on prend moins de risque en vol plané, profitant de l'air qui vous porte, qu'à effectuer des piqués à près de trois cents kilomètres à l'heure. Il joue de sa force, voilà tout, et de ses armes (bec et serres redoutables) pour capturer ses proies, mais n'est pas le plus courageux lorsqu'il s'agit de défendre son territoire. Dire que l'aigle est un pleutre serait un peu exagéré, mais on peut s'étonner qu'il ait été tant prisé par les puissants de ce monde et placardé si souvent sur leurs étendards. Si le but recherché était de revendiquer un symbole de vrai courage, de choisir un oiseau belliqueux, ils auraient aussi bien fait de prendre le rougegorge. Car en voilà un qui, sous ses airs de tendre amoureux du jardin, est un sacré querelleur.

Une petite boule de plumes qui tient la place et n'aime rien moins qu'un voisin vienne lui marcher sur les pattes – bien qu'il se plaise lui-même à fouler les plates-bandes d'autres que lui. Un passionné de guerre, qui le proclame au travers de son chant, pourtant mélodique et mélancolique. Si prompt à défendre son territoire qu'il est prêt à se bagarrer avec sa propre image se reflétant sur une fenêtre ou un rétroviseur ! Évidemment, un rougegorge de quatorze centimètres sur un drapeau ou un glaive, ça a sans doute moins d'allure qu'un aigle royal, avec son envergure de plus de deux mètres.

Dans le domaine de la bravoure, on peut également s'arrêter un instant sur le cas du coq, emblème national de la France. Pourtant, dans la basse-cour, question bataille, le jars (le mâle de l'oie), lorsqu'il s'agit de défendre femelle et jeunes, est bien plus efficace pour vous pincer le mollet. Et pas un coq, pas une poule ne surpasse l'oie pour ce qui est de la vigilance : cette dernière est un véritable chien de garde. Au contraire du coq, qu'il faut voir, quand il a peur, déguerpir en poussant des cris réprobateurs, aux antipodes de son air conquérant lorsqu'il fait le beau au poulailler. Mais il est vrai que prendre une oie comme symbole de la patrie, c'était faire le choix d'un oiseau un peu pataud, un peu gras, à la vie familiale bien réglée – un mâle et une femelle unis pour la vie. Alors que le coq, c'était l'assurance d'un plumage brillant, d'un port plutôt altier, d'une vie de don Juan au milieu de ses poules. De là à ce que chaque Français s'y reconnaisse ? Le monde chrétien l'a pris comme le symbole du passage de la nuit au jour, de l'ombre à la lumière. Mais son chant est loin d'être à la hauteur de celui d'autres visiteurs de l'aube comme le merle ou la grive.

En résumé, le coq est un animal certes sympathique, pas plus bête qu'un autre (bien au contraire !), mais de là à le choisir comme emblème... Les Romains auraient un peu contribué à la chose. Tout serait parti d'un jeu de mots entre le terme désignant le coq, *gallus*, et celui désignant la Gaule, *Gallia* (Gaulois qui n'avaient, au passage, aucune affinité, hormis culinaire, avec l'oiseau en question). Les moqueries ne tardèrent pas. Elles seraient même fort anciennes : Sénèque est l'auteur de ces mots : « *gallus in sterquilinio suo plurinum potest* », que l'on peut traduire par « le coq est roi sur son fumier », équivalent du « charbonnier est maître chez lui », mais qui furent évidemment détournés. Nous aurions ainsi choisi pour emblème le seul animal qui chante les deux pieds dans la m...

On l'aura compris : par le passé, les hommes ont aimé prendre comme emblèmes ornithologiques des espèces à l'aspect plutôt agressif, tapageur ou puissant. Peut-être que si c'étaient les femmes qui avaient choisi des oiseaux comme emblème, elles se seraient portées vers des espèces très différentes ? Telles les sternes, par exemple, qui sont à la fois élégantes, grandes voyageuses, et qui pratiquent l'entraide et la défense commune.

Nous autres les humains avons trop souvent tendance à confondre force et courage. Puissance et vaillance. À donner trop d'importance aux seules apparences. L'observation des oiseaux nous apprend souvent que de petites espèces savent tenir tête, souvent avec succès, à de bien plus grosses qu'elles. Plumes gonflées, ailes agitées, avec force cris, le petit oiseau peut faire reculer un adversaire plus impressionnant que lui. Il suffit de voir une sterne poursuivre violemment un goéland qui vient survoler la colonie à la recherche de poussins. Il sera expulsé avec véhémence par la sterne qui n'hésitera pas à lui piquer dessus. On a vu certains oiseaux se poser sur le dos d'un gros rapace en vol pour lui labourer le crâne de leur petit bec acéré. Autre chose, ce sont souvent les espèces d'oiseaux au plumage assez terne qui montrent le plus d'efficacité à défendre leur territoire ou leurs jeunes. Les mâles à plumage coloré, par exemple, chercheront plutôt à fuir ou à se cacher qu'à affronter le danger. La beauté du plumage ne fait pas l'épaisseur de la cuirasse ! Le mignon petit rougegorge est un vaillant personnage, qui sait tenir tête à ses congénères, se défier du chat (bon, pas toujours...), expulser un intrus de son territoire. Même chose pour l'une des plus petites chouettes, la chevêche d'Athéna, qui malgré sa petite taille ne rechigne pas à agresser les prédateurs. Ces volatiles ne comptent que sur leur intrépidité et leur détermination. Les hommes ont-ils bien observé les oiseaux avant de les prendre comme emblèmes ?

Qu'est-ce qu'aimer ?

La tendresse de la tourterelle

Deux tourterelles sur un fil, au printemps, se toilettent l'une l'autre à n'en plus finir. Petits coups de bec tendres autour des yeux, le long de la nuque, sur le sommet du crâne. Tout à leur tendresse, elles en ferment les paupières d'aise. Elles sont bien, toutes les deux, sur ce fil, se chauffant ensemble au soleil, se faisant mille bécots, serrées l'une contre l'autre. Rien ne semble pouvoir les déranger. Elles sont heureuses. Elles sont amoureuses.

Ne ressemblent-elles pas à tous les amants du monde ? À ceux dont Brassens chantait qu'ils se bécotaient sur les bancs publics, enlacés, le regard noyé dans la pupille de l'aimé, du feu plein le cœur, éblouis, éperdus de bonheur, persuadés que tout cela durera à jamais ?

Parmi les animaux, les oiseaux sont souvent pris en exemple quand il s'agit d'amour. Il est vrai que les lapins ou les crocodiles sont, en la matière, moins romantiques. Et d'ailleurs, ne dit-on pas que l'amour donne des ailes ? Les blanches colombes, symbole de félicité conjugale, sont représentées lors des mariages. Le rossignol accompagne les amoureux, lui qui déploie son chant passionné à la nuit tombée, au crépuscule chaud de l'été. Et que dire des petits oiseaux nommés « inséparables », ces perruches si liées et tendres dans leur couple ? Ne nous évoquent-ils pas ces vieux époux qui s'aiment encore, après des décennies d'amour, et dont la mort de l'un provoque, dans les jours qui suivent, celle de l'autre ?

Mais au fond, qu'est-ce qu'aimer ? Les oiseaux sont-ils sujets, comme nous, au coup de foudre ? Peuvent-ils tisser des liens forts d'amitié ? Et estimer, comme le disait Montaigne de La Boétie, « Parce que c'était lui ; parce que c'était moi » ?

Si certaines espèces d'oiseaux tendent plutôt à pratiquer le chacun pour soi, il est vrai que d'autres nouent des liens profonds avec leur entourage. C'est par exemple le cas des oies cendrées, très attachées à leur partenaire, mais aussi à leur famille durant toute la première année de vie des jeunes : les parents guident leurs petits, devenus grands, lors de leur première migration. Quant à la mère poule avec ses poussins, elle est devenue un symbole de l'amour maternel.

Cette forme d'amour qu'est l'amitié semble aussi présente chez les oiseaux, puisque certains ne peuvent guère se passer de leurs camarades, comme les panures à moustaches ou les paradoxornis asiatiques, qui vivent en groupe. Des oiseaux élevés en captivité sont d'ailleurs tout à fait affectueux envers l'humain qui les élève, voire avec des animaux d'autres espèces. Le lien amical, le compagnonnage, peut donc se créer hors de toute question de reproduction. Aimer, n'est-ce pas, au commencement, créer du lien ? Et tisser une relation, à deux ou à plusieurs, qui apporte des bénéfices, et, souvent, du plaisir. Puis être malheureux quand, pour une raison ou une autre, ce lien se brise.

La question de l'amour (au sens large) fait réfléchir les philosophes depuis la nuit des temps, et travaille toujours un peu chacun d'entre nous. Car tout le monde n'en a pas la même définition. Qu'est-ce que le véritable amour ? En voilà une grande question ! Il semblerait qu'il existe de multiples formes d'attachement. L'amour amoureux, l'amour filial, fraternel, l'amitié. Et il est assez vraisemblable que certains oiseaux connaissent la plupart de ces états. Ils peuvent être pris de passion amoureuse et sexuelle comme connaître des moments de tendresse, quand ils se toilettent mutuellement le plumage ou qu'ils s'occupent de leurs petits.

Sans doute les oiseaux ne connaissent-ils pas toutes les nuances et les subtilités de l'amour humain (de même qu'*a contrario*, ils ne connaissent pas non plus de haines tourmentées telles qu'en sont capables les hommes). Pourtant, quand on observe un couple de tourterelles, il est évident qu'elles se témoignent tendresse, respect, attirance physique, bienveillance, entraide... Quand un coq trouve de délicieuses graines à manger, il appelle ses poules pour partager avec elles son petit butin, l'air tout fier, comme un amoureux apporte le matin des croissants à sa belle.

Ne nous montrent-ils pas ainsi ce que c'est, l'amour ? Ce mélange de tendresse et de respect, d'attirance, de bienveillance, de délicatesse. La volonté de faire du bien à celui qu'on aime, de ne pas le blesser, de ne pas lui nuire, de lui offrir des petits cadeaux ou une bonne chose à manger. Être en empathie avec lui, l'aider quand c'est possible, lui rendre la vie plus agréable. Et pour les humains, l'amour, c'est aussi le partage, une douceur, une complicité, un fou rire. L'amour véritable, dit-on, n'est pas la possessivité, pas la passion non plus.

Mais dans l'amour amoureux, les oiseaux font tout cela à des fins de reproduction, diront les plus cyniques. Eh bien... nous aussi. Avec ses croissants sous le coude, l'amoureux a souvent dans l'idée que le bon petit-déjeuner peut amener à plus si affinités... Et un petit bisou peut contribuer à faire baisser les tensions, comme un toilettage de tourterelles. Même si notre finalité reproductive est plus ou moins consciente ou enfouie, et même si un couple peut construire autre chose ensemble qu'un enfant, la reproduction est sous-jacente au lien amoureux. L'amour même le plus éthéré provient donc de notre part animale. Et alors ? Est-ce grave ? Nous avons un imaginaire péjoratif de l'animalité, mais l'animalité, ce sont aussi les douceurs délicates d'un couple de tourterelles, l'entraide des oies cendrées.

De plus, pour trouver l'amour, les oiseaux sont bien souvent plus doués que nous. Séduction, parade... Cela semble plus simple pour eux que pour nous : ils savent rapidement si l'affaire va se conclure ou non, là où nous, humains, au corps bien caché sous une épaisse couche de vêtements qui ne nous permet plus de décrypter les signes évidents d'attirance masculine ou féminine, passons des heures, des jours, des mois, des années pour les moins doués, à essayer de comprendre si oui ou non, « je lui plais ». Quant à savoir si on nous aime... Pour nous, humains, cette chose si simple est devenue infiniment compliquée, angoissante parfois, déstabilisante presque toujours.

Nous avons un peu de mal à écouter notre instinct, notre intuition. Ou bien nous intellectualisons trop les prises de décision comme les ressentis. Ou bien nous sommes maladroits, n'osant pas, osant au mauvais moment, souvent en décalage avec ce que nous voudrions faire, meurtris dans notre ego par ces échecs, nous jurant de ne plus jamais aimer après une déception amoureuse, nous torturant à savoir qui devrait faire le premier pas. Nous manquons de simplicité et de sérénité. Les merles, eux, ne réfléchissent pas trois heures pour décider s'il faut aller pousser la chansonnette à la jolie merlette, ils y vont. Ça plaît ou non, et ni l'un ni l'autre ne semblent en faire une affaire d'État si ça ne marche pas. Ils ne sont ni dans les stratégies à long terme ni dans les raisonnements à n'en plus finir. Sans doute les oiseaux ne connaissent-ils pas, ou si peu, le doute.

En amour, nous devrions peut-être nous inspirer des oiseaux ?

Certaines personnes sont comme la grenouille des bois, qui est capable d'arrêter son cœur pour dormir dans l'hiver glacé. Après une déception amoureuse, elles cessent d'aimer, elles ne veulent plus jamais s'attacher de peur de souffrir à nouveau. Mais le cœur des oiseaux, au contraire, ne cesse jamais de battre.

Et peut-être que la vraie définition de l'amour, c'est de s'aimer simplement, comme les tourterelles : être bien, ici, avec l'autre, et ne pas vouloir être ailleurs.

Philosophie de la poule au bain

Ou de l'art de vivre intensément

On peut avoir la surprise, en observant des poules, de remarquer que, dans les moments d'intense satisfaction que peut leur procurer leur vie, elles émettent des sons proches du grognement, évoquant même une forme de ronronnement. Ce léger grondement de bonheur, la poule le pousse notamment lorsqu'elle prend un bain de terre. C'est un moment important pour elle : il lui permet de se débarrasser des parasites, de maintenir son plumage en bon état. Pour un oiseau, avoir un beau plumage, étanche et propre, est une nécessité, une question de survie. Voir une poule prendre un bain de terre donne une idée de ce que peut être l'un des plus grands bonheurs du monde.

D'abord, la poule choisit une terre meuble, poussiéreuse. Puis elle s'y vautre, littéralement. On a du mal à reconnaître une poule dans ce tas de plumes informe – une patte par-ci, une patte par-là, une aile ici, une tête là – qui fait voler la terre pour s'en recouvrir. Par moments, le nuage de poussière se calme. L'oiseau se tient l'œil mi-clos, l'ouvre, le referme. Pousse cette sorte de grognement de plaisir. Cela dure longtemps. La poule a tout son temps. Le rayon de soleil qui la réchauffe semble lui être délectable. Elle recommence. Se roule, plonge sa tête dans la terre, fait voler la poussière de son aile dans des contorsions sans cesse renouvelées. Une seconde poule vient regarder le spectacle, se joint à la première. Un instant, elle vient se coucher à côté de sa congénère, et elles restent ainsi, toutes deux serrées, sans bouger, au contact intime de la terre. Puis la seconde poule se relève, filant à la poursuite d'un insecte. La première ne bouge pas du trou qu'elle s'est creusé.

Cette méditation devant la poule au bain résume à la perfection des siècles et des siècles de discours philosophiques : *carpe diem*, « profite du temps présent ». C'est l'invitation à être « présent », l'incitation du bouddhisme à être « ici et maintenant », le conseil de la psychologie de « vivre au jour le jour ». Loin des souvenirs du passé. Loin des inquiétudes et des espérances du futur. Ici et à présent, la poule prend son bain, baignée de soleil, dans une terre meuble et fraîche, à l'ombre du cerisier dont les fruits verts commencent à prendre forme. Ici et maintenant, la poule grogne de bonheur.

Anthropomorphisme ?

Non. La poule, devant nous, ne diffère en rien de nous. Ni par les atomes de son corps, ni par les émotions qu'elle peut ressentir. Elle ne voit pas le monde comme nous le voyons, c'est vrai : c'est une poule. Ses sens ne sont pas aiguisés de la même façon que les nôtres. Elle guette le chat du voisin, plus silencieux qu'un fantôme, quand nous ne le voyons pas encore. Elle pousse un cri à son approche, quand nous remarquons à peine ce matou de passage. La poule et nous sommes deux espèces différentes. Mais nous sommes, tous, des êtres vivants, semblables par ce bonheur ressenti du soleil sur nos corps, ce bonheur de nous laver, elle dans la terre, nous dans un bain moussant.

Le bain de la poule doit nous faire réfléchir. Pourquoi ne nous lavons-nous pas avec la même intensité ? Sans plumage, notre toilette nécessite sans doute moins de soins. Mais tout de même. Happés que nous sommes par les obligations, les soucis du passé, les soucis à venir, pressés par le temps – toujours pressés –, rares sont les fois où nous éprouvons une vraie délectation à nous laver. La poule, elle, ne se lave pas si elle est stressée. Non, une poule stressée ne se lave pas avec jubilation, elle se tient figée, muette, ou bien s'affole et crie. Nous autres, les humains, nous nous lavons même préoccupés, même tendus. Comment, alors, réussir à savourer le moment à la manière de la poule ?

La poule nous enseigne le bonheur de l'instant présent. « Cooot ? » – elle marche –, « Cooot ? » – elle bondit. Puis court d'un coup après un papillon blanc : trop tard, l'insecte vole trop haut et trop vite. La poule ne s'en afflige pas, elle passe à autre chose, déjà. Et gratte, et gratte, et gratte, et fait voler la mousse derrière elle. Et un coup de bec, et un coup d'œil, et un coup de bec – que trouve-t-elle ainsi dans le sol ? Quel menu peuple inconnu vit dans la terre, que nous ne voyons pas et qui fait sa joie ? La poule est une active : consciencieuse ou bien pressée, elle cherche, elle gratte, elle bouge. Mais elle sait aussi se prélasser des heures durant sous les arbres. Elle est là. *Carpe diem*, nous dit la poule.

Comment contribuer à la beauté du monde ?

La danse de l'oiseau de paradis

Un jour, sur une radio très sérieuse, une dame très sérieuse discourait sur l'art, le considérant comme propre à l'être humain. Selon elle, toute autre forme d'art « animal » ne pouvait pas être « création », mais juste interprétation par notre œil humain de quelque chose de beau, simplement beau. Mais cette beauté n'avait pas été *pensée*.

En effet, lorsqu'une mésange à longue queue bâtit son nid, superbe petite boule de plumes, de chatons de saule, de brindilles délicates et de petits morceaux de lichen, les yeux admiratifs de bien des humains s'extasient comme devant une œuvre d'art. Les deux oiseaux adultes le construisent pour héberger leur future progéniture, pas pour nous. Et tant mieux si nous le trouvons beau. Mais ce que l'on ignore, c'est comment elles trouvent leur nid, elles, les petites mésanges à longue queue. Et qui dit que les femelles mésanges à longue queue ne choisissent pas le plus joli nid possible ? Qui dit que la beauté ne fait pas partie de leurs critères de sélection ?

Mieux encore, les oiseaux jardiniers. Ces espèces qui vivent en Australie sont passées maîtres dans l'art de décorer les nids. Prenons le jardinier satiné. Le mâle possède un plumage bleu nuit. Pour lui, la quintessence de la beauté, c'est le bleu. Du fait de son plumage ? Qui sait. Il construit, comme toutes les espèces d'oiseaux jardiniers, un nid assez élaboré, fait de petits rameaux et d'herbes entrelacés qui forment une sorte de « berceau » (d'où son autre nom d'oiseau à berceau), disposé à terre dans une petite clairière. Pour rendre ce nid encore plus agréable à l'œil de sa femelle, notre mâle va le peindre avec une sorte de « peinture » bleue. Celle-ci est constituée de baies violettes, bleues ou noires que le mâle mélange avec sa salive et du charbon de bois issu des feux de forêt. Il utilise un petit morceau d'écorce pour en enduire les parois. Il parsème également les abords du nid avec des objets... bleus. Bouchons de bouteille, stylos, briquets, morceaux de plastique divers, tout, pourvu que ce soit bleu. Des cailloux également, dont il prend soin de bien placer les gros devant et les plus petits derrière. Ce qui produit une illusion d'optique : ainsi, la femelle, de son nid, voit cette allée de cailloux plus grande qu'elle ne l'est. Si tout cela ne relève pas de l'art et de la création (à finalité de séduction), de quoi s'agit-il ? Pourquoi passer des heures à décorer un nid en bleu si ce n'est pas, aussi, pour le plaisir des yeux ?

Oui, mais tout cela n'est pas *pensé*, nous disait la dame de la radio. Peut-être, mais toutes les œuvres de l'homme le sont-elles forcément ? La spontanéité, le jaillissement de la création sont parfois à la source d'œuvres d'art sur lesquelles s'extasient les connaisseurs. Les artistes eux-mêmes s'étonnent parfois de ce qu'ils ont créé, pris d'une fulgurante inspiration. Et quand bien même les oiseaux ne seraient pas des artistes aussi *pensants* que nous, ne contribuent-ils pas, à leur façon, à générer de l'art ? À créer de la beauté ?

Par ailleurs, quelle est la finalité de l'art pour l'homme ? N'y a-t-il pas aussi une envie de plaire à l'autre ? Musiciens, peintres, poètes – hommes ou femmes – composent, peignent ou écrivent souvent inspirés par leur muse et pour la séduire davantage. Sommes-nous si déconnectés de la nature, de nos pulsions animales, dans notre façon de créer ? Freud ne reliait-il pas l'art à une sublimation de la libido ?

Les oiseaux, avec leur goût pour les beaux plumages, les jolis chants, les nids sophistiqués, sont tout de même un petit peu plus artistes que les vers de terre. La beauté semble un moteur important, voire essentiel, pour beaucoup d'entre eux. Et même si ce n'est que sélection évolutive, ils font souvent leurs choix guidés par le « beau », parfois plus que par un pur aspect pratique. Une queue de paon, c'est superbe, mais c'est tout de même très encombrant – pas commode du tout. La femelle du paon, qu'on le veuille ou non, élit son mâle à partir de critères de pure beauté. La vigueur d'un mâle pourrait se manifester par d'autres moyens que par sa somptuosité. Alors pourquoi toute cette débauche de beauté chez les oiseaux, s'ils n'y sont pas sensibles ?

Encore un exemple. Regardons ces fabuleux oiseaux que sont les paradisiers (ou oiseaux de paradis). Les mâles se livrent à une chorégraphie incroyable lors de leur parade nuptiale, qu'auraient sans doute bien du mal à reproduire les danseurs étoiles de l'Opéra. À quoi s'ajoutent les coloris et les formes des plumes des mâles, admirables. Les motifs, les rapports de tons donnent une impression d'art poussé à l'extrême. Évidemment les oiseaux n'ont pas « créé » ces incroyables jeux de couleurs. Quoique… Tout cela, on l'a dit, est le fruit de l'évolution – mais aussi de la sélection naturelle. On peut imaginer qu'au fil des millénaires ont été retenus les individus les plus habiles à pratiquer cette danse en équilibre sur des branches situées à plus de trente mètres de haut, ou ceux aux plumes les plus longues ou les plus colorées. Il n'y a pas de volonté consciente derrière tout cela. Mais les capacités qu'ont les partenaires à séduire les femelles par leur plumage et leur parade ont une incidence sur la reproduction (et donc sur la survie et la pérennité de l'espèce).

Et cet art brut sert ensuite aux hommes… Les Papous de Nouvelle-Guinée utilisent depuis des millénaires les plumes de ces oiseaux de paradis pour leurs cérémonies et leurs fêtes. Et dans certaines tribus, les hommes se parent de ces plumes pour séduire leurs partenaires !

Art du plumage. Art du ramage aussi. Nul doute que les oiseaux sont des musiciens hors pair. Alors, musiciens sans le savoir ou conscients de leur art ? Il suffit de sortir en forêt au printemps pour avoir un élément de réponse. Quand deux mâles d'une espèce chanteuse sont à proximité l'un de l'autre, on entend bien qu'ils rivalisent de puissance et de diversité dans leur chant. La grive musicienne en est un parfait exemple. Un mâle chante seul. Beau chant, un peu stéréotypé même s'il est diversifié. Qu'un autre mâle se manifeste et le premier va alors incorporer de nouvelles strophes, enrichir son répertoire, donner de la voix. D'ailleurs, chez bien des espèces, ce sont les meilleurs chanteurs qui séduisent en premier les femelles. L'art du chant pour courtiser…

La dame de la radio pourrait arguer que ces chants, si beaux soient-ils, ne sont que la répétition d'airs appris auprès des parents, ou innés. Pas si sûr… Prenons l'étourneau sansonnet. Certes, c'est tout sauf un chanteur de talent. Les sons qu'il émet tiennent plus du gazouillis modeste, voire de borborygmes aigus, que d'une mélodie. Cependant, il n'hésite pas à « embellir » son chant, car, comme toutes les espèces d'oiseaux ou presque, le mâle chante pour proclamer son territoire et séduire. Alors, il y incorpore des bruits ou des sons qu'il a entendus autour de lui pour plaire davantage à sa femelle et lui montrer qu'il est un grand musicien. Ainsi entend-on parfois le klaxon d'une voiture ou la sonnerie d'un téléphone portable qui semblent provenir du haut d'une antenne de télévision ou d'une branche d'arbre. Sourcils froncés, et assez perplexe, on lève les yeux pour découvrir que c'est un étourneau sansonnet mâle particulièrement inventif qui s'époumone !

Puis, quand on parle d'art, s'agit-il seulement de le produire ? N'est-ce pas aussi simplement aimer la beauté ? Les oiseaux, comme de nombreux animaux (et même, paraît-il, les plantes !), savent apprécier la musique humaine, par exemple. Nos oreilles ne sont pas les seules à se réjouir d'une jolie mélodie.

Au fur et à mesure de l'avancée des recherches scientifiques sur les animaux, on s'aperçoit qu'ils sont plus intelligents, plus sensibles et plus dotés d'empathie qu'on le croit. Alors pourquoi leur contester tout rapport possible avec l'art et le goût du beau ?

Notre art humain s'est bien développé, au départ, sur une faculté naturelle à apprécier tout ce qui est joli, à associer des sons, des rythmes, à assembler des couleurs, des matières – faculté qui existe chez les oiseaux. Être artiste, c'est d'abord savoir regarder avec acuité ce qui nous environne, savoir suivre le mouvement des feuilles ou la poésie de la course des nuages, puis parvenir à retranscrire toute cette beauté et les émotions qu'elle procure. Les animaux ne savent pas retranscrire ces sensations, mais comment savoir si lors d'une douce journée de printemps, devant les arbres chargés de fleurs écloses, ils ne ressentent pas ce même bonheur ? Comment peut-on affirmer que parce qu'ils sont des animaux, ils n'y sont pas sensibles ? Nous-mêmes ne sommes pas tous égaux dans notre faculté à percevoir le charme du monde et à le retranscrire. Certains d'entre nous, peu sensibles aux arts, ne parviennent parfois pas même à comprendre comment un autre peut dessiner, jouer de la musique. Et l'artiste se sent parfois bien incompris, dans sa sensibilité et sa façon de s'exprimer. Dès lors, sommes-nous si bien placés pour savoir ce qui se passe exactement dans la tête d'un oiseau qui a décidé de fabriquer le plus joli nid bleu qu'il lui soit possible de faire ? Et un oiseau qui a mis toute son énergie à construire un nid qu'il pense magnifique et que la femelle dédaigne, sait-on ce qu'il ressent ?

De même, les artistes disent souvent qu'ils ne pourraient être heureux si on les empêchait d'exprimer leur art. N'y a-t-il donc pas quelque chose aussi d'inné, de profondément instinctif et naturel dans le besoin d'art ?

Combien de fois entendons-nous des gens affirmer, catégoriques et un peu peinés aussi : « Oh, moi, de toute façon, je ne suis pas artiste ! »

Est-ce si vrai ? Ne sommes-nous pas tous créatifs, chacun dans notre domaine ? Ne sommes-nous pas tous sensibles à des formes de beauté ? Souvent, nous nous bridons. Parfois parce qu'on nous a découragés dans l'enfance, parfois parce que les activités artistiques étaient mal perçues par l'entourage. Mais ce n'est pas parce qu'on ne sait pas dessiner qu'on ne saura pas faire de la poterie, jouer de la musique, ou faire de la grande cuisine pleine de poésie. Nous avons certainement tous un art qui nous correspond, une forme de créativité qui ne demande qu'à jaillir et que nous n'avons pas encore essayé d'exprimer. Il est pourtant évident que, comme les oiseaux, nous pouvons tous contribuer à la beauté du monde.

Comment vivre sa liberté ?

Ouvrez la cage aux oiseaux

Faut-il ouvrir la cage aux oiseaux, comme dans la chanson de Pierre Perret ? Mieux vaut-il une vie libre quitte à ce qu'elle soit dangereuse, ou sécurisée mais limitée ? Une liberté avec un prix à payer, ou une prison dorée ?

L'histoire est bien connue, celle du canari à qui l'on ouvre sa cage. Celui-ci s'envole, grisé, mais, affolé, finit par vite y retourner, retrouvant son petit univers bien connu. Quiconque a sauvé une poule de batterie connaît également l'histoire. La pauvre bête, qui jusqu'ici vivait dans une cage si étroite qu'elle pouvait à peine s'y retourner, en reste abasourdie. Elle commence par se déplacer sur seulement quelques mètres carrés, longeant un mur, ne dépassant pas un tas de foin. Il lui faudra des semaines pour se hasarder, petit à petit, de plus en plus loin. Et recouvrer la liberté de ses mouvements.

Pour autant, il serait abusif de dire que certains oiseaux préfèrent vivre en cage. Ils sont simplement tellement conditionnés que trop de liberté, d'un seul coup, les effraie. Ils craignent pour leur sécurité et tremblent de découvrir un environnement inconnu. Mais n'est-ce pas aussi notre cas ? Prenez un enfant, ou même un adulte, qui n'aurait vécu que dans une cité HLM, et lâchez-le d'un seul coup en forêt. Ne croyez-vous pas qu'il reviendra en courant, en suppliant qu'on le ramène chez lui ? C'est aussi vrai d'un point de vue symbolique. Les moments de grande liberté, dans une vie, peuvent être terrifiants pour certaines personnes : les vacances, les départs à la retraite sont parfois très mal vécus. Que faire de tout ce temps, de cette soudaine absence de contraintes et de repères donnés par d'autres ? Les hommes ne désirent pas toujours « être libres ». La vraie liberté est souvent une angoisse pour l'homme, à l'échelle sociétale comme à l'échelle individuelle. Tout en la désirant plus que tout, on la craint.

Nous n'éprouvons pas tous la soif d'azur des oiseaux migrateurs. Ceux-ci représentent l'un des plus forts symboles de liberté de par leur capacité à s'élever, à s'échapper, à voyager, à atteindre des lieux inaccessibles. N'oublions pas que la capacité de l'homme à voler – grâce à des machines – est toute récente dans son histoire. Longtemps, longtemps, nous avons contemplé les oiseaux, tête levée, sans être capables d'atteindre leur hauteur. Un peu humiliant, de se penser si supérieur et de n'être pas en mesure de rivaliser avec eux sur leur terrain. L'homme n'a cessé d'envier cette faculté, qui permettait d'accéder à la liberté de déplacement. Il est enfin parvenu à conquérir le ciel, mais quel chemin de croix !

Nous avons du mal à appréhender notre propre liberté, mais également à accepter celle de l'autre. Les enfants d'aujourd'hui sont couvés, bien plus que des oisillons ! Les parents oiseaux laissent leurs petits prendre des initiatives, les encouragent à voler par eux-mêmes. Au XXIe siècle, on ne voit presque plus de gamins courir et jouer dans les rues. Ils sont sous contrôle permanent, effrayés que nous sommes qu'il leur arrive quelque chose. De même, dans le couple. La liberté de l'autre fait souvent peur, quelle que soit la forme qu'elle puisse prendre. Pire encore, la famille. C'est le lieu de la norme, des jugements : il faut être identique au groupe. Si l'un de ses membres s'autorise un pas de côté de trop, il est souvent rappelé à l'ordre – ou marginalisé.

Pourtant, plus on maintient l'autre enfermé, et plus le risque d'évasion devient grand : l'adolescent trop bridé qui se révolte violemment contre ses parents, la femme sous l'emprise d'un mari jaloux qui finira par s'enfuir, la rupture familiale.

À bien regarder vivre les oiseaux, on s'aperçoit pourtant que quand on laisse des poules ou des colombes en totale liberté, elles ne s'éloignent pas tant que ça de leur poulailler ou de leur pigeonnier. Et en cas de mauvais temps ou de perception d'un danger, elles s'y réfugient. Elles ont ainsi la sécurité du logis, de l'eau et de la nourriture toujours assurées, et la possibilité de passer la journée comme bon leur semble, autonomes dans leurs mouvements.

Il en est de même pour les humains. Libres, nous ne fuyons pas forcément. Si le bercail est bon, nous y revenons toujours. La meilleure façon de retenir ou de protéger quelqu'un, c'est sans doute de faire en sorte que le nid soit toujours douillet pour qu'il revienne de lui-même. C'est cela peut-être dont nous avons besoin : un équilibre harmonieux. En cumulant les avantages de la domesticité et ceux de la liberté.

À quoi sert-il d'être infidèle ?

La drôle de vie du traîne-buisson

La haie du jardin est un repère pour les oiseaux. Ils s'y posent, nombreux, en hiver pour aller se nourrir à la mangeoire toute proche. Avec force cris, ils se disputent la provende[1]. Mais à terre, on ne remarque pas ces petits oiseaux bruns qui déambulent sans faire de bruit. On les appelle les traîne-buisson, tant ils sont discrets à sautiller au pied de la haie. On aurait pu tout aussi bien les surnommer passe-muraille, car leur plumage est tout sauf coloré : brun dessus, gris bleuté sombre dessous. Ils se confondent merveilleusement avec leur environnement. Seuls de petits *tsîî* aigus et un peu tremblés les trahissent. Et encore faut-il l'oreille ornithologique pour les repérer. Bref, l'accenteur mouchet, puisque c'est de lui

1. Provision de vivres.

qu'il s'agit, est le prototype de l'oiseau banal. Rien dans son plumage ou son ramage n'éveillerait la moindre curiosité humaine.

Méfions-nous des apparences... Car sous son habit de bure, ce faux moine des jardins mène une vie dissolue. En effet – et contrairement à une longue croyance qui ferait des oiseaux des partenaires fidèles –, l'accenteur mouchet est un adepte de la polygamie et de la polyandrie[1]. Officiellement, c'est vrai, il y a un mâle et une femelle qui construisent un nid et élèvent leurs jeunes. Et, jusqu'à des études assez récentes, on considérait les accenteurs comme des modèles de fidélité conjugale... Mais ça, c'était pour la vitrine ! En réalité, les choses sont un peu différentes. Mâle et femelle sont de vrais cavaleurs. Le mâle, bien qu'ayant sa « régulière », s'accouple avec toute femelle consentante qui passerait sur son territoire. Côté femelle, c'est la même chose. Une dame accenteur ne résiste pas à l'exercice avec le mâle voisin de l'autre côté de la haie. Elle peut d'ailleurs même le solliciter. Bref, un vaudeville se déroule dans votre jardin...

1. Une femelle s'accouplant avec plusieurs mâles pendant la période de reproduction.

L'humain n'a donc rien inventé de nouveau. Et il suffit de feuilleter le livre de la biodiversité pour voir qu'à tous les étages du règne animal, on trouve une panoplie de licences sexuelles à faire rougir le plus frivole des *Homo sapiens*. Ces derniers se parent plus facilement de la vertu que les animaux qui, eux, ne font pas mystère de leurs comportements. Sauf pour notre accenteur, qui drape sa vie dissolue sous une apparence banale. Il cache bien son jeu : pas de plumage chatoyant, pas de chant remarquable... Comme tant d'hommes et de femmes à l'allure si ordinaire et qui se révèlent de joyeux libertins.

Et les révélations sur l'histoire sexuelle de l'accenteur ne s'arrêtent pas là. Les études montrent également que lorsque les ressources alimentaires abondent, les femelles se concentrent sur un petit territoire (pas besoin d'aller très loin pour trouver sa pitance...). Promiscuité oblige, les mâles n'ont donc que l'embarras du choix, augmentant ainsi les probabilités de reproduction. En période de disette, en revanche, il s'agit d'étendre son territoire pour trouver de quoi se nourrir : les femelles parcourent alors de plus grandes distances, augmentant ainsi leurs chances de rencontrer un mâle. En général, elles se limitent à deux reproducteurs, dont l'un, dit « mâle alpha », est le plus vigoureux. Et comme tout est bien réglé dans la nature, quand les ressources alimentaires et les territoires sont équilibrés, l'accenteur choisit une vie « classique » et monogame... L'infidélité serait-elle souvent le signe d'un petit déséquilibre quelque part ?

Ces parties de pattes en l'air ont toutefois une finalité. En effet, le mâle accenteur, avant de se reproduire avec la femelle de passage, va lui pincer le cloaque (l'organe qui fait office de sexe chez les passereaux). Étrange préambule, qui plus est sans doute peu agréable pour la femelle... Mais en pinçant ainsi fortement le fondement de sa partenaire, il provoque chez elle des contractions qui permettent d'expulser le sperme du précédent partenaire ! Le mâle peut dès lors s'accoupler avec la femelle et lui fournir sa propre semence, après s'être débarrassé de celle de son concurrent. Quel meilleur moyen pour assurer sa descendance ? Cette pratique étrange est surtout rencontrée chez les mâles « alphas », qui sont ceux qui donneront les rejetons les plus robustes et qui s'occuperont davantage de leur progéniture – favorisant son espérance de vie. La sélection fait bien les choses.

Fin de l'histoire ?

Eh non ! Le dernier mot va à la femelle. Celle-ci peut en effet retenir une partie du sperme des précédents échanges, tromper son partenaire qui pense être le seul élu, conserver ainsi le matériel génétique des précédents accouplements et produire des couvées avec des paternités diversifiées. Superbe exemple de sélection naturelle. Cette pratique, appelée polygynandrie, a donc bien un dessein chez l'accenteur : assurer une descendance nombreuse et une diversité génétique extrême. Pas étonnant que cette espèce soit présente partout en Europe, de la Scandinavie à l'Afrique du Nord.

Et nous humains, sommes-nous *polygynandriques* ? Certain(e)s, qui pratiquent le vagabondage sexuel, s'en rapprochent, certes. Mais la comparaison s'arrête là. Quoique. Des scientifiques émettent l'hypothèse que la forme du pénis humain aurait une fonction bien précise : la couronne du gland, lors des mouvements répétés de va-et-vient dans le vagin, permettrait d'évacuer le sperme éventuel d'un rival... Que cette piste soit vraie ou fausse, l'homme a toujours déployé beaucoup d'énergie à mettre en place des moyens de pression psychologiques revenant à « pincer le cloaque » des femmes – en d'autres termes, les empêcher de se faire féconder par autrui : moralisation à outrance de la sexualité féminine, pressions sociales, et invention de ce cher prince charmant (le seul, l'unique) pour les petites filles. Sans oublier l'horrible ceinture de chasteté, ou, dans d'autres cultures, l'excision ! Cela vaut bien un pincement de cloaque...

Pour conclure, coupons donc la tête à cette vieille croyance, qui veut que la majorité des oiseaux soient fidèles pour la vie, hérauts d'une monogamie du plus grand romantisme. Bien sûr, il y a les oies, les cygnes, certains rapaces... mais pour le reste, la réalité est plus nuancée que cela, et l'on rencontre en fait tous les intermédiaires possibles entre monogamie et polygamie. Cela dépend aussi des circonstances, de l'environnement, des partenaires disponibles, des ressources alimentaires, etc. Bref, les oiseaux *s'adaptent*. Reste à savoir s'ils sont furieux ou attristés lorsqu'ils constatent une infidélité. Y aurait-il alors des prises de bec et autres plumes qui volent ?

Chez les humains, y compris ceux qui cherchent à vivre des pratiques sexuelles qu'ils considèrent comme plus libres, le rêve de l'amour absolu vient souvent compliquer un peu les choses. De plus, la liberté n'est pas forcément de multiplier les partenaires : on peut aussi se sentir libre d'être fidèle. Tiraillé entre différents idéaux possibles et la réalité, l'amour sexuel, chez les humains, est, quelle que soit l'option choisie, souvent le renoncement à quelque chose. Certains vivront leur sexualité comme des cygnes, d'autres comme des accenteurs, avec toutes les nuances intermédiaires possibles. Pour éviter trop de malentendus, le tout sera de trouver comme partenaire le même type d'oiseau que soi !

La curiosité est-elle un vilain défaut ?

L'audace du rougegorge

De sa naissance à sa mort, la vie de l'oiseau est un risque. Voler, se nourrir, se reproduire, élever ses jeunes, tout est sujet à péril. Et pourtant, sans risque, pas de vie possible. Ainsi la curiosité de certains oiseaux leur ouvre des champs d'investigation nouveaux, des sources de nourriture abondantes, des lieux remarquables pour nicher ou faire halte. Mais la réussite ne vient qu'après la tentative. Chez les animaux, et singulièrement les oiseaux, la curiosité est un moyen d'adaptation performant, souvent sophistiqué, qui dans bien des cas est aussi un outil de survie.

Prenons ainsi le rougegorge, bien connu des jardiniers et qui s'avère, dans les pays d'Europe de l'Ouest, particulièrement effronté. N'hésitant pas à se poser sur une chaise, une pelle, ou tout autre objet de fabrication humaine, il peut aussi s'approcher de nous à quelques centimètres et nous suivre dans notre travail. La tête penchée, l'œil interrogateur, en position statique, on dirait qu'il nous regarde avec intérêt et curiosité. Dès qu'un ver de terre est mis au jour par le râteau, le rougegorge fonce et le gobe. Puis il attend le prochain, toute gorge rouge orangé déployée, sans avoir l'air de redouter nullement l'humain gigantesque qui s'active. Son nom vernaculaire français de « rougegorge familier » lui va parfaitement.

Originellement, le rougegorge est une espèce forestière, vivant à l'écart des hommes. Depuis toujours, il est connu pour suivre les mammifères, cerfs ou sangliers, lorsque ceux-ci broutent ou remuent le sol. Il se loge parfois littéralement « dans les pattes » de l'animal, toujours tête penchée et œil interrogateur. Il le suit ainsi, par petits bonds. Comme dans le jardin, il est à la recherche de petits insectes, dérangés par le mufle ou le sabot.

Forestier, cet oiseau l'est assurément, mais il se rencontre souvent en lisière des bois, c'est-à-dire jamais bien loin des habitations humaines.

Au fil du temps, il s'est peu à peu rapproché des hommes, jusqu'à les suivre dans leur jardin. Ce comportement un peu opportuniste de grand curieux connaît son paroxysme en Grande-Bretagne, où le rougegorge fait partie de la mythologie collective (il est par exemple omniprésent sur les cartes de vœux de Noël). L'habitude qu'ont les Anglais de nourrir les oiseaux en hiver a probablement contribué à inhiber certaines réticences des rougegorges. En retour, il est devenu l'une des principales victimes des chats…

Cette témérité est nettement moins prononcée dans des pays où le rougegorge est braconné (comme dans le sud de l'Europe) ou dans ceux où il est resté davantage forestier (Europe de l'Est). Son caractère farouche reprend alors le dessus.

Cette curiosité qu'a développée le rougegorge lui a sans doute permis d'élargir son régime alimentaire, mais aussi de coloniser de nouveaux milieux, en s'adaptant notamment aux jardins urbains où l'on sait l'hiver moins rude qu'en rase campagne. Un rougegorge des villes aura ainsi une plus forte probabilité de survivre à un hiver froid qu'un rougegorge des forêts.

La curiosité chez certaines espèces d'oiseaux peut les pousser à une grande familiarité. Nous avons tous en tête ces photos de moineaux à Paris, ou de mésanges à Londres, ou encore de geais dans les grands parcs naturels américains, venant manger dans la main d'un humain. Ces oiseaux sont restés parfaitement sauvages mais ont perdu toute crainte à l'égard des hommes. Ils nous observent, déjeunant sur un banc ou une aire de pique-nique, et viennent récupérer les reliefs tombés à terre après notre départ. Peu à peu, ils s'enhardissent et se présentent même lorsque nous sommes encore sur place. Et au fur et à mesure, l'un d'eux finira par prendre la miette tendue. Puis par venir la chercher directement sur la table et, enfin, dans la main.

Prendre des risques, c'est aussi parfois assurer sa survie. Bien des oiseaux agissent vis-à-vis de leur prédateur potentiel de cette manière, pour le faire fuir. Un individu s'approche du prédateur et pousse des cris d'alarme. Ce qui provoque l'arrivée de congénères qui à leur tour poussent les mêmes cris. Le bruit et le nombre font alors déguerpir des lieux le prédateur. Nous sommes parfois étonnés de voir des oiseaux venir à nous, qui semblent se demander qui nous sommes, pour repartir aussitôt au plus profond des bois ou des marais. Leur curiosité est peut-être une façon de nous tester, de voir si nous sommes toujours des prédateurs potentiels. Si nous, les humains, étions bienveillants avec tous les animaux, alors nous vivrions sans doute une relation plus intime, comme des espèces sœurs. D'ailleurs, sur l'île de Desertas, à Madère, un petit oiseau, le pipit de Berthelot, qui n'a jamais été chassé par l'homme, est totalement dépourvu de crainte à notre égard : il a vite fait de venir se percher sur une chaussure, un genou, pour attraper une miette, jetant ici et là des coups d'œil curieux.

La curiosité n'est donc pas un « vilain défaut ». C'est un comportement naturel qui au pire évite le… pire, et au mieux procure des bénéfices à celui qui l'exerce. Dans l'arsenal évolutif qui a permis à chacune des espèces animales de parvenir jusqu'à nous, c'est un outil puissant, une qualité naturelle, y compris chez les humains. Nous aussi, nous utilisons la curiosité comme moteur à la création ; elle nous a permis d'explorer de nouveaux continents et jusqu'à la Lune, de découvrir des remèdes à nos maladies. Elle est finalement au cœur de tout ce qui contribue à notre évolution. Pensons-y la prochaine fois qu'un rouge-gorge nous observera, perché sur son piquet…

Pourquoi voyage-t-on ?

La sterne arctique et l'appel du large

Les oiseaux migrateurs sont l'incarnation du voyage. Qu'est-ce qui les fait ainsi décoller un beau matin vers de nouveaux horizons, pour revenir, quelques mois plus tard ?

Regardez-les passer ! Eux, ce sont les sauvages.
Ils vont où leur désir le veut, par-dessus monts,
Et bois, et mers, et vents, et loin des esclavages.
L'air qu'ils boivent ferait éclater vos poumons.

Voici ce qu'écrivait à leur propos le poète Jean Richepin, chanté par Georges Brassens.

Difficile en effet de ne pas s'identifier à ces voyageurs libres et impénitents, eux qui volent plus loin que tout ce qu'on imagine. Ainsi la sterne arctique. Elle niche dans le Haut-Arctique, comme son nom l'indique, de la Sibérie à l'Amérique du Nord en passant par les septentrions européens. À la fin de l'été, elle quitte ses terres de reproduction pour s'en aller rejoindre les mers australes et subantarctiques où elle va passer l'hiver à pérégriner. Douze mille kilomètres aller, douze mille retour, et du vagabondage pendant six mois. Total : jusqu'à quatre-vingt-dix mille kilomètres en une année. Un oiseau qui vit vingt ans pourrait donc parcourir plus de quatre fois la distance de la Terre à la Lune.

On dit de cette espèce qu'elle est celle qui voit le jour et le soleil le plus longtemps. Journées continues durant l'été arctique, journées continues en hiver à l'autre bout de la planète. Du monde, elle ne connaît que les océans bleus et les côtes blanches, au loin. En été, elle se pose sur la toundra, petit répit de verdure et de fleurs colorées qu'elle ne fréquente que quelques semaines.

Des vacances sans fin ? Éternelle voyageuse qui court après la lumière.

Mais au fait, pourquoi voyage-t-elle ? Elle pourrait en effet s'arrêter sur les côtes européennes tempérées, voire pousser son bec jusqu'à celles de l'Afrique de l'Ouest. Mais non, elle passe l'équateur et poursuit sa route pour rejoindre les quarantièmes rugissants. Et pour flâner autour de l'Antarctique avant de remonter vers le nord. Les raisons exactes de ce voyage – le plus long effectué par une créature vivante – ne sont pas précisément connues. Cependant, selon des études récentes, il semblerait que la sterne choisisse des lieux à forte productivité planctonique, l'idéal pour se nourrir. L'évolution aura fait le reste au fil des millénaires.

Mais au fond, est-ce si important de savoir pourquoi la sterne arctique va si loin chaque hiver ? Après tout, nous autres humains, nous entreprenons aussi des migrations saisonnières – les « vacances » ! –, au moins deux fois par an pour les plus privilégiés. Qu'est-ce qui nous pousse à quitter notre lieu de résidence habituel ? Le dépaysement, la découverte d'autres rivages et d'autres mondes. S'imprégner d'un ailleurs et d'une autre culture que la nôtre. Un peu d'inconnu. Oublier le quotidien, rompre avec la monotonie des jours. Voici les déclencheurs de nos envies de départ.

Comme chez les oiseaux, il y a chez les humains les voyageurs impénitents et les sédentaires. Ceux qui entendent l'appel du large et les casaniers. Les « assoiffés d'azur » de Jean Richepin, et ceux qui ne veulent pas s'éloigner de leur confort ! La chouette hulotte n'a aucune envie de quitter la forêt qui l'a vue naître. Le martinet noir ou l'hirondelle n'ont qu'une hâte dès qu'ils sont sortis du nid : partir !

L'enfant qui écarquille les yeux et dévore du regard tout ce qui l'entoure lorsqu'il voyage avec ses parents a toutes les chances de devenir un adulte bourlingueur. Plus il découvrira, plus il aura envie de découvrir. D'arpenter mille coins perdus de la planète, des lieux tout à fait improbables qui le faisaient seulement rêver quand il tournait les pages d'un atlas. Sans imaginer alors qu'il poserait les pieds dans les déserts de Syrie, puis le long des précipices du Caucase, sur des îles coréennes, ou dans la jungle brésilienne...

De commun avec les oiseaux, nous avons cet adage : « Les voyages forment la jeunesse. » La jeune sterne arctique va apprendre lors de son premier voyage le chemin qu'elle empruntera plus tard, à l'âge adulte. Regarder un atlas, des documentaires sur des pays lointains, partir en vacances avec ses parents, c'est aussi pour l'enfant le rite initiatique du voyage.

Chaque voyage nous change un peu. Il nous fait regarder le monde avec des yeux différents. C'est un remède contre le repli sur soi, l'ostracisme, la crainte ou la détestation de l'autre. Tout voyage nous apprend à être solidaires, comme les oiseaux migrateurs qui se soutiennent les uns les autres pendant leur long vol par des cris incessants. On ne revient jamais le ou la même d'un voyage : on laisse un peu de nous là-bas et l'on rapporte beaucoup ici. L'horizon nouveau nous grandit, nous donne plus d'étoffe et de surface. La rencontre des autres permet l'ouverture de soi-même à tout ce qui nous entoure : mode de vie, environnement, humains. Et le voyage nous en apprend surtout sur nous-mêmes, sur ce que l'on peut supporter en termes d'endurance, de manque de sommeil, d'inconfort, d'adaptation. Au bout du monde, avec le décalage horaire, la fatigue, les masques tombent : c'est le meilleur moyen de se révéler. Et peut-être est-ce cela que l'on recherche en voyageant : apprendre quelle est notre vérité.

La hiérarchie est-elle le vrai pouvoir ?

Le corbeau et le vautour

Sur un alpage pyrénéen, une vache est morte. Après avoir longuement tournoyé dans le ciel, deux ou trois grands corbeaux se sont posés près de la carcasse. Du bec, ils commencent à s'attaquer à l'animal. Mais bientôt surgit un vautour fauve, dont l'envergure et la silhouette impressionnent. D'une démarche chaloupée, il arrive jusqu'à l'animal mort, déployant ses ailes pour se faire encore plus gros qu'il n'est ; il fait instantanément déguerpir les corbeaux. Puis, peu à peu, d'autres vautours arrivent. S'instaure alors une hiérarchie très précise faite d'ailes écartées, de coups de bec, de grognements gutturaux, où chacun occupe désormais une place bien définie. Le vautour qui, l'instant d'avant, avait une place de choix pour s'attaquer aux entrailles de la victime, se trouve à présent rejeté en dehors du premier cercle des convives, attendant son tour pour revenir à la table. Avec, comme compagnons d'infortune, des corbeaux qui ne font pas du tout le poids. Dans ce banquet improvisé, chacun doit tenir son rang. Mais que survienne un renard à la dent leste, et tout ce petit monde se retirera pour laisser le goupil faire bombance. Quand les dominants seront repus, viendra le tour des « moins dominants », puis des « pas dominants du tout ». Les corbeaux auront alors repris un peu d'assurance pour se mêler à l'attroupement. Pendant que les autres digèrent d'avoir peut-être trop mangé et trop vite, eux s'adonnent, plus tranquillement, à un festin des restes que leurs dominants se sont échinés à mettre au jour. Ça valait le coup d'attendre, non ?

Dans un tout autre milieu, celui des marais, les combattants variés fonctionnent un peu de la sorte. Comme leur nom l'indique, ces oiseaux limicoles (qui vivent à proximité de la vase) sont de petits échassiers querelleurs. Du moins les mâles. Ceux-ci, dès l'amorce du printemps, arborent une collerette de plumes flamboyantes où se marient le roux, le noir, le gris et un peu de blanc. Sur un lieu dégagé appelé « arène », ils passent le plus clair de leur temps à se battre pour conquérir les femelles. Lesquelles, en périphérie, assez indifférentes à la scène, cherchent activement leur pâture. Près d'elles se trouvent des mâles dits « bêtas » : ceux qui ne sont pas dominants (par opposition aux mâles « alphas »). Ils ne possèdent d'ailleurs qu'une modeste collerette, blanche le plus souvent. Assistent-ils passivement au spectacle offert par les mâles alphas qui gonflent leur plumage et se chicorent avec ardeur ? Oui, certes. Mais pas seulement... Tandis que les mâles dominants sont tout à leur affaire, certains mâles secondaires n'hésitent pas, profitant de l'aubaine, à honorer subrepticement l'une des promises qui se tient juste à côté !

Dans la vie quotidienne, on en rencontre aussi des fiers-à-bras qui jouent de leurs biceps – physiques ou moraux –, et en imposent à l'assemblée. Ces leaders – politiques, intellectuels, professionnels ou sportifs – n'ont de prise sur nous que si nous l'acceptons. Mais tenez-vous à distance, vivez votre propre chemin et observez celui qui s'épuise à éblouir le reste du monde en mettant de côté tous les bonheurs de la vie... la vôtre, moins compétitive, n'en sera sûrement pas moins intéressante. Et pensez à l'image de cette poule qui, seule parmi ses congénères, choisit de jouer du bec pour montrer qui est la patronne plutôt que de consacrer son énergie à… manger ? C'est souvent le cas des poules « dominantes », trop occupées à asseoir leur pouvoir, qui se font chiper la nourriture par les « sans-grade », qui préfèrent avoir le ventre plein.

Que dominons-nous quand nous obtenons le pouvoir ? N'est-ce pas plutôt celui qui se tient en retrait qui tire les ficelles ? Celui qui se fait discret mais qui agit autrement, mieux ? La hiérarchie est un jeu : le temps qu'on met pour arriver au sommet de la pyramide est infiniment plus long que celui où l'on s'y maintient. Le monde animal – oiseaux comme mammifères – regorge d'exemples où le mâle dominant lutte incroyablement pour accéder aux places hautes de la hiérarchie et, usé par ses efforts, est incapable de s'y accrocher très longtemps, un autre lui prenant bientôt la place.

L'accession à la reconnaissance, puis au pouvoir tant cherché et valorisé, nous conduit sur des chemins où nous risquons de nous perdre. Car plus nous montons vers les cimes, moins nous voyons le détail, plus les petites choses qui font le sel de la vie disparaissent sous nos yeux. Sont-ils si heureux, les leaders politiques, les stars du show-business, les patrons du CAC 40 ?

Arrivés au sommet de leur gloire (et de leur carrière), n'y aura-t-il pas toujours un autre renard pour venir les déloger – ou un mâle bêta pour leur rendre la vie impossible ? Et si le mâle alpha séduit encore les femelles oiseaux chez le combattant varié, est-ce toujours le cas chez les êtres humains ? Les femmes, devenues indépendantes, peuvent mieux qu'avant décider de leur vie, et de leur compagnon. Choisiront-elles le mâle alpha, qui risque de partir à la première rencontre ? Le mâle bêta, les études scientifiques le montrent, est finalement plus stable, plus attentif à sa compagne. Pourquoi ? Peut-être parce qu'il sait qu'il a moins le choix. Certains oiseaux l'ont bien compris. Ainsi, toujours chez les petits échassiers : le bécasseau variable. Les femelles ont tendance à choisir un petit mâle plutôt qu'un gros. Pourquoi donc ? Parce que le petit est plus vif et défendra mieux le territoire et les jeunes que le gros, plus lourd en vol et moins leste face à un prédateur. Alors : mâle bêta ou mâle alpha ? À chacun et chacune sa stratégie !

Le bonheur de vivre, tout simplement

Gai comme un pinson

Fort vent sur le Morbihan. Les cheveux s'ébouriffent, les casquettes s'envolent, les joues commencent à rougir et à chauffer sous l'effet du froid. Sur le port, les goélands, eux, semblent s'amuser. Virevoltent, planent, décrochent, repartent. Ces acrobaties aériennes ne servent à rien de précis, seulement à se distraire. Peut-être est-ce cela, l'idée du bonheur, pour un oiseau : jouer avec le vent.

Fin de journée dans le Cantal. Sous le soleil qui menace de bientôt se coucher, dans l'air tiède et calme de la mi-septembre, une giclée d'eau jaillit du milieu du chemin. Comme si venait de s'allumer un arrosage automatique déréglé, éclaboussant follement de tous côtés. Des milliers de gouttelettes fusent, étincelantes sous le soleil. Elles proviennent d'un trou rempli d'eau dans lequel se lavent des dizaines d'étourneaux sansonnets. Tous ensemble, battant des ailes, lançant l'eau dans les airs, on croirait qu'ils ont à cœur de vider entièrement cette pauvre flaque qui, quelques secondes avant leur arrivée en bande organisée, se contentait de refléter le ciel, impassible. La voici transformée en bain public pour étourneaux. Et à voir leur frénésie, tels des enfants jouant dans une piscine, on se dit que c'est peut-être ça, être heureux, pour un étourneau : une baignade revigorante entre amis.

Étourneaux, goélands, mais aussi la tourterelle des bois qui se chauffe les ailes au soleil, le merle qui vient d'avaler un gros ver et se pavane sur le mur, l'air très satisfait de lui, le héron au plumage gonflé somnolant, les yeux mi-clos, debout sur une seule patte… Les oiseaux nous offrent le spectacle de nombreux moments de bien-être, de jeux, de quiétude, d'insouciance. Quelle pourrait être la définition du bonheur pour eux ? Avoir le ventre bien plein ? Se tenir hors de portée des prédateurs ou vaquer à ses petites occupations sans redouter un danger ? Le bonheur commence par l'absence de malheur. Un peu comme pour nous, en somme.

Mais existe-t-il des oiseaux déprimés ? Des pessimistes, des aigris ? Dans la nature, sans doute pas, ou en tout cas pas durablement : la tristesse et le mal-être sont souvent liés au ressassement du passé ou à l'anticipation angoissée du futur. Or les oiseaux vivent au présent.

Cela ne les empêche pas de manifester parfois des signes de détresse : lors de la perte d'un partenaire, pour les oiseaux formant des couples très monogames ; de la destruction de leur nid, de leurs œufs, de leur nichée. Mais nous ne savons ni ce qu'ils ressentent ni le temps que cela dure.

Un oiseau en cage, emprisonné dans de mauvaises conditions, pourra manifester des signes de « dépression » (abattement, plumage qui se ternit et s'abîme), qui peuvent le conduire jusqu'à la mort. Certaines espèces supportent très mal la captivité (comme le quetzal d'Amérique centrale ou le balbuzard pêcheur) et peuvent même en mourir. Quand d'autres réussiront à s'y reproduire (or les animaux ne se reproduisent guère s'ils sont stressés) et même à vivre bien plus longtemps qu'à l'état sauvage (un animal durablement stressé voit, lui, son espérance de vie réduire). On peut donc imaginer que le fait d'avoir un espace de vie satisfaisant, même réduit, avec de la bonne nourriture et de l'eau fraîche en abondance, des soins réguliers, à l'abri des prédateurs et donc du « stress », compense parfois la privation de liberté.

Pas si simple, finalement, de savoir de quoi se constitue réellement le bonheur. Et comment le définir ? Bien des philosophes ont tenté de le faire, prônant souvent un idéal de sagesse et de juste mesure pour y accéder. Les oiseaux seraient-ils épicuriens, sachant se modérer, se contenter de petits bonheurs, sans céder aux excès qui généreraient la souffrance ? C'est assez souvent le cas. L'oiseau sauvage ne se nourrit que de ce dont il a besoin, avec une certaine sobriété naturelle… la plupart du temps.

Car il existe toujours des contre-exemples. Les grives ne sont ainsi pas connues pour leur tempérance. Elles sont même réputées dans le règne animal pour se prendre de sacrées « cuites », lorsqu'elles se saoulent à l'automne de baies fermentées dont elles raffolent. L'alcool contenu dans ces fruits matures, consommés sans retenue, leur provoque des ivresses fameuses. Voici ces dames qui se mettent à voler en zigzaguant. Quel spectacle ! Adieu, Épicure, on est plus proche ici du bonheur selon Rabelais : profiter et s'en mettre plein le gosier.

À la réflexion, les oiseaux sont plutôt hédonistes : le plaisir individuel est leur finalité.

Hédonistes à tendance rabelaisienne donc, cherchant le plaisir et évitant les déplaisirs, et, quand l'occasion se présente, capables de s'en mettre plein l'estomac et plein le bec.

Mais s'il est une forme de sagesse dont les oiseaux se fichent pas mal, c'est bien le stoïcisme. Ancrés dans leur spontanéité, ils n'ont que faire de rester maîtres d'eux-mêmes et de renoncer au désir.

La vérité, c'est que les oiseaux ne se posent pas la question du bonheur. Ils le vivent. Quand tout va bien, ils sont heureux, tout simplement. Savoir ne pas s'en faire, n'est-ce pas là le début du bonheur ?

L'intelligence est-elle vraiment ce qu'on croit ?

Cervelle de moineau !

L'espèce humaine s'émerveille aisément de sa propre intelligence, et, de là, se juge supérieure à toutes les autres créatures peuplant la terre. Nous adorons aussi classer les animaux selon leur intelligence : ceux réputés « malins » (chiens, dauphins, grands singes...) étant estimables, ceux réputés « bêtes », méprisables. Les oiseaux, comme les poissons, à quelques exceptions près, sont souvent jugés idiots. Ce qui est faux. Et d'ailleurs, est-il si important de savoir si telle ou telle espèce, tel ou tel individu, est plus ou moins « doué » qu'une ou qu'un autre ?

Et quand il s'agit de définir ce qu'est l'intelligence, l'entreprise se révèle bien compliquée. Les fameux tests de QI oublient beaucoup ce qui fait l'être humain. Comment Vincent

Van Gogh les aurait-il réussis ? Et Guillaume Apollinaire ? Les artistes ne déploient-ils pas des formes d'intelligence nullement mesurables par des tests de logique ? L'intelligence, c'est la faculté de comprendre. Certes, mais comprendre quoi ? Le fonctionnement d'un moteur, ou la beauté du monde ? La mécanique des fluides, ou les émotions de la personne en face de soi ? En quoi résoudre un problème mathématique serait-il supérieur au fait d'être capable de composer un poème, en quoi être un champion d'échecs serait-il un plus grand marqueur d'intelligence que de savoir harmonieusement marier les couleurs ou jouer merveilleusement d'un violon ? La définition même de l'intelligence est souvent biaisée par ceux qui en établissent les critères. En réalité, différentes sortes existent et coexistent. On parle par exemple aujourd'hui de plus en plus de l'intelligence émotionnelle, celle qui nous aide à vivre harmonieusement parmi nos congénères, avec une fine compréhension des échanges et des relations. Elle fait aussi appel à la faculté d'adaptation, qui permet de se débrouiller lors de situations nouvelles.

Comment cela se manifeste-t-il chez les oiseaux ? Avec une remarque préliminaire importante : attention à ne pas confondre intelligence et processus évolutif. Par exemple, les mésanges charbonnières citadines chantent plus fort que celles des campagnes, parce que le bruit de la ville couvre leurs vocalises. Il faut donc monter le volume pour se signaler aux partenaires. Ce n'est pas que la mésange a compris ce qu'il fallait faire pour se faire entendre : c'est le résultat d'une adaptation à un environnement changeant.

Les oiseaux, donc, ne sont pas stupides. Ainsi, en Amérique, les petits colibris qui comprennent rapidement qu'il est plus facile de trouver de l'eau sucrée à la mangeoire que dans des fleurs, et qui peuvent développer une telle addiction au sucre de ces mangeoires qu'il n'est pas recommandé de leur en proposer (ou bien seulement très occasionnellement) !

Quant aux pigeons, si souvent décriés dans les villes, ils sont, selon des expériences récentes, capables de distinguer les concepts du temps et de l'espace.

Et que dire des corvidés, animaux haut placés sur l'échelle de « l'intelligence » animale ? Cette famille d'oiseaux groupe les corbeaux, les corneilles, les choucas, mais aussi les pies et les geais. Prenons ces derniers. Le geai des chênes est bien connu pour faire preuve de prévoyance : l'automne venu, il fait grande provision de graines et de noix, qu'il cache un peu partout pour se nourrir au cours de l'hiver, quand les aliments viendront à manquer. Pour la petite histoire, il en cache tellement d'ailleurs qu'il ne sait parfois plus bien où il les a mises. Ce qui fait, au passage, le bonheur d'autres espèces qui s'en repaissent quand elles les trouvent, mais aussi du forestier qui bénéficie d'un auxiliaire remarquable, car le geai participe de cette façon à la dispersion des graines et à l'émergence de futurs arbres ! Mais revenons aux petites ruses du geai. Lorsqu'un geai (ou un couple de geais) est en train de cacher ses graines et qu'il se sent tout à coup épié par un autre geai qui pourrait bien venir lui ravir en douce son trésor, il modifie son comportement. Il va faire semblant de cacher des graines pour tromper l'espion ! Les corbeaux utilisent aussi des feintes similaires.

Les corvidés ont fait l'objet d'un grand nombre d'études, toutes plus fascinantes les unes que les autres. Dans la nature, on a découvert que certains corbeaux peuvent utiliser un outil pour accéder à une source de nourriture difficile à atteindre. Comme les chimpanzés, ils sont capables de s'aider d'une tige de bois ou d'une branchette. Mieux, certains savent même se fabriquer des crochets à partir de branches, comme certaines populations de corbeaux de

Nouvelle-Calédonie. Une corneille a également tordu un petit fil, en laboratoire, pour en faire un hameçon, bien pratique pour se saisir d'un aliment !

Certaines corneilles citadines savent même tirer des bénéfices de leur vie urbaine. Elles ont appris à utiliser à profit la circulation automobile et les feux rouges, pour casser des noix ! Elles laissent tomber une noix à l'exact endroit où les voitures s'arrêtent au feu rouge et où les piétons traversent. Au vert, la corneille lâche sa noix qui est rapidement écrasée par une voiture. Au rouge, elle descend à terre et s'en régale. Jusqu'au prochain feu vert !

D'autres études semblent montrer que les corbeaux sont aussi capables d'indiquer à leurs congénères comment fabriquer un outil, ou comment user de telle ou telle stratégie, ce qui révèle un certain degré de transmission du savoir, que l'on retrouve chez les grands singes, et que l'on croyait jusqu'il y a peu être l'apanage de l'homme.

Enfin, il faut citer cette expérience de la pie qui, devant un miroir, se reconnaît (des scientifiques leur mettent une tache rouge sur le front : en la voyant, elles essaient de la gratter pour l'enlever). Ainsi certains oiseaux (corbeaux, perroquets...) réussissent le test de la conscience de soi ou « test du miroir ». Le bébé humain n'y parvient qu'à partir de dix-huit mois.

Non seulement les oiseaux ne sont pas idiots, mais l'intelligence et la conscience de soi ne sont pas uniquement réservées à l'être humain. Ce dernier a aussi longtemps pensé que plus le cerveau était gros, plus l'espèce ou l'individu était évolué (et les hommes en ont d'ailleurs fait un argument obtus pour se convaincre qu'ils étaient supérieurs aux femmes – ces dernières, morphologiquement plus petites, ayant une tête et un cerveau généralement un peu moins gros). Les oiseaux nous en donnent un contre-exemple évident. En effet, le cerveau d'un corbeau, proportionnellement à celui d'un singe ou d'un éléphant, est minuscule ! Sauf que le cerveau du volatile a deux fois plus de connexions synaptiques que celui de n'importe quel mammifère. Preuve que le volume du cerveau n'est pas essentiel.

Nous autres humains jugeons vite que tout ce qui ne nous ressemble pas est inférieur. D'ailleurs, certains d'entre nous passent leur temps à chercher des preuves que l'Autre est inférieur (ceux dont la couleur de peau diffère, ceux qui portent un handicap, etc.). De ce fait, les animaux ont donc de tout temps été considérés comme très inférieurs, et le mot « bête » signifie à la fois « idiot » et « animal ». Pourtant, avec notre manie de tout mesurer et de tout classer, nous usons de critères bien trop « humains » pour définir l'intelligence des animaux, qui parfois nous échappe.

Bien évidemment, l'homme possède une intelligence inégalée, et pourtant, chaque espèce possède les facultés intellectuelles qui lui conviennent. Les oiseaux sont plus malins que nous pour voyager sans se perdre, repérer un prédateur, trouver leur nourriture au fin fond de la forêt vierge, et peu importe si nous ne verrons jamais deux colibris jouer au poker.

Aussi, regardons avec un peu plus d'humilité, et de curiosité, ce que nous apportent les corbeaux, les geais et leurs cousins, en nous montrant que nous avons encore pas mal de choses à apprendre sur les animaux. Peut-être pourront-ils nous aider à comprendre comment sont apparus le langage, la pensée abstraite, les désirs, les peurs, les intentions de toute sorte, l'imagination aussi. Car, oui, le corbeau imagine (un outil, une stratégie) : cette simple constatation le place dans une catégorie particulière au sein des animaux. Il nous le rend plus proche. Le sage Ésope ne racontait-il pas, voici près de deux mille six cents ans, la fable du corbeau qui avait jeté des cailloux dans une lourde cruche dont l'eau était inaccessible, afin que l'eau finisse par monter et qu'il puisse se désaltérer ? Déjà un corbeau…

Cette arrogance des humains envers les formes d'intelligence ou de sensibilité animales évoque d'une certaine façon Claude Lévi-Strauss (*Tristes Tropiques*), quand il parlait de la façon dont les hommes peuvent se juger entre eux : « Les Blancs proclamaient que les Indiens étaient des bêtes, les seconds se contentaient de soupçonner les premiers d'être des dieux. À ignorance égale, le dernier procédé était certes plus digne d'hommes. »

Et si le début de l'intelligence, c'était l'humilité ?

Les oiseaux par-delà le bien et le mal ?

La morale du coucou gris

Et si on donnait un grand coup de balai ? Un coup de balai à cette vision naïve et doucereuse des petits oiseaux qui s'aiment d'amour tendre, et dont la vie est tout entière constituée de jolis chants et de plumages chamarrés ? Un monde idéal figé dans une reproduction digne d'un calendrier des postes 1920 – « p'tites fleurs et p'tits oiseaux ».

La réalité est plus rude et… plus compliquée. Cette complexification va de pair avec l'évolution des espèces animales. Par exemple, les escargots ne sont pas, dans leur quotidien, soumis à une vie rude et compétitive qui les pousse à des comportements extrêmes. Pourvu que la salade soit bonne et que le pied du jardinier l'évite, l'escargot mènera une existence paisible. Quant à sa reproduction, elle est hermaphrodite, ce qui offre plus de possibilités et donc moins de concurrence. À l'autre bout de la grande chaîne du Vivant, les mammifères ont une existence souvent plus agressive. Chez certains carnivores, chez les singes, enlèvement, viol, infanticide peuvent faire partie de l'existence même. Malheureusement, chez l'humain aussi…

Et chez les oiseaux ? Qu'est-ce qui peut nous apparaître comme « beau » ou « bien », et au contraire comme « mal » ? Et quelle signification ce jugement humain peut-il avoir dans notre compréhension de leur vie ? Les oiseaux ne sont pas des escargots, mais pas des chimpanzés non plus. Certains de leurs agissements, cependant, nous étonnent. Prenons le coucou gris, dont le comportement peut par certains aspects paraître scandaleux à des yeux humains.

Ainsi la femelle pond dans le nid d'une autre (parasitisme), et le jeune tout juste éclos pousse les œufs (ou même les jeunes) déjà présents, afin de se faire tranquillement nourrir par une espèce deux à trois fois plus petite que lui et dont les parents doivent se démener pour satisfaire son appétit insatiable. S'il fallait qualifier avec nos mots l'élevage de la progéniture du coucou, on parlerait sans doute d'amoralité. Il ne s'en occupe pas un seul instant et mériterait d'avoir au moins la DDASS[1] et la PJJ sur le dos !

En réalité, la stratégie du coucou gris est le fruit d'une longue évolution qui n'est ni gratuite ni destinée à « pourrir » la vie des autres espèces. Dans le monde animal, le but premier est de produire le plus possible de descendants. Et si possible, avec un coût énergétique moindre. En allant déposer chacun de ses œufs dans autant de nids différents, la femelle de coucou augmente ses chances de descendance. D'abord en assurant la survie de plus de jeunes, grâce à l'instinct parental de l'espèce hôte qui, quelle que soit la taille du rejeton, le nourrira jusqu'à son indépendance. Ensuite, si un nid tombe entre les pattes d'un prédateur ou subit un dommage, les autres œufs restent protégés. En clair : elle ne met pas tous ses œufs dans le même panier !

L'autre bénéfice pour le coucou gris est que son investissement énergétique dans la reproduction est quasi nul, à la différence de la plupart des autres espèces pour lesquelles cette période est physiologiquement éprouvante.

1. Enfin, on dit plutôt l'ARS aujourd'hui.

Autre exemple. Un enfant, dans un square, déguste des bonbons, le paquet à la main. Soudain deux gamins déboulent, lui chapardent ses friandises et détalent comme des lapins. Cris outrés de la mère et pleurs de l'enfant : scène banale sans grand relief, mais il n'y a pas à réfléchir beaucoup pour savoir si l'acte commis est condamnable ou non.

Repartons du côté des oiseaux : connaissez-vous les labbes ? Non, probablement. Ce sont de grands et sombres oiseaux marins, au vol altier et élégant, qui passent leur vite à dérober la nourriture d'autres espèces et à parasiter leur existence. Plutôt que de s'atteler à pêcher consciencieusement les poissons comme le fait la sterne, sa « victime » préférée, le labbe attend qu'un oiseau ait capturé un poisson pour fondre sur lui. Après une longue poursuite au-dessus des flots, il finit par lui faire rendre grâce et s'empare du butin. C'est un spectacle aérien de toute beauté, que l'on appelle kleptoparasitisme. Mais qui serait sans doute *moralement* condamnable – si on se réfère à notre système de valeurs. Les raisons de ce comportement ne sont pas bien élucidées à ce jour, car, contrairement à la femelle de coucou, le larcin du labbe lui coûte une grande dépense d'énergie. Sans doute le bénéfice des captures est-il supérieur au coût de la poursuite ?

Le vol, condamné (mais fréquent) dans la société humaine, fait partie des stratégies utilisées par un grand nombre d'espèces animales. Et du côté des victimes ? Bien que souvent volée par le labbe, la sterne apprécie sans doute la compagnie de son voleur en certaines périodes, notamment de reproduction. En effet, les labbes nichent dans le Haut-Arctique et sont des gardiens vigilants des lieux. Qu'approche un renard polaire en maraude, à la recherche d'œufs ou de couvées, et le labbe sera le premier à donner l'alerte et à foncer sur le mammifère, le faisant souvent fuir. Les sternes ont compris l'intérêt qu'elles ont à nicher non loin des labbes, qui les protègent pendant cette phase de vulnérabilité qu'est la reproduction. Alors, plus tard, quand les jeunes seront envolés et qu'il faudra prendre le chemin du sud pour le reste du cycle annuel, ce ne sont pas quelques poissons dérobés qui remettront cet équilibre en cause : c'est sans doute le prix à payer.

La question du bien et du mal, profondément ancrée dans nos subconscients, nous semble évidente. Pourtant la morale évolue au fil du temps et des sociétés : ce qui est le Bien d'aujourd'hui n'est pas forcément le même qu'hier, ce qui est le Mal ici n'est pas forcément le même ailleurs (même si les grands interdits fondamentaux sont les mêmes partout). Ce qui nous distingue des autres espèces, c'est l'appréciation morale poussée d'un comportement, selon les règles que nous nous sommes édictées – et qui évoluent parfois.

Mais les lois de la nature se dispensent du jugement de ce qui est bien ou mal. Ainsi les oiseaux peuvent nous aider à nous questionner, à certaines occasions, sur ce que nous considérons réellement comme bien, ou mal. Sous l'Occupation, ceux qui ont caché des Juifs se mettaient hors la loi, on leur disait qu'ils faisaient mal – et pourtant ils faisaient bien. Il est souvent utile de se rappeler que le Bien et le Mal ne sont ni naturels ni immuables, mais le fruit d'une construction humaine, collective tout autant qu'individuelle, et parfois évolutive.

Faut-il avoir peur de son ombre ?

La fuite éperdue du pinson

Le pinson picore sur la pelouse. Soudain, une ombre l'effraie. Serait-ce un chat ? Pris de panique, l'oiseau s'envole. Dans sa précipitation, il ne voit pas la baie vitrée. Il s'y fracasse, se brise la nuque, meurt tout net. Petite boule de plume dans les herbes. Tout ça à cause d'une ombre, qui n'était peut-être même pas un chat. La peur n'est pas toujours bonne conseillère.

Mais sommes-nous si éloignés des oiseaux ? Quand la nuit tombe, et que nous sommes seuls à la maison, sommes-nous toujours si fiers ? Un craquement, un volet qui claque, le bruit un peu bizarre d'une chaudière, le vent qui fait siffler les arbres… Lequel d'entre nous, même adulte, n'a jamais sursauté ? Qui ne s'est jamais imaginé un scénario rocambolesque, plein de voleurs ou d'égorgeurs ? L'enfant qui croyait qu'un monstre était tapi sous son lit n'est pas très loin. Combien de nuits gâchées, au fil d'une vie, par des peurs imaginaires, honteusement enfouies au plus profond de nous-mêmes ?

La peur est l'une de nos émotions les plus archaïques. Chez l'homme comme chez l'oiseau, elle provoque les mêmes symptômes : accélération cardiaque, crispation, sursauts, tremblements, cris parfois. Ou paralysie. Un oiseau qui a peur a tendance à lâcher une fiente. Il est connu qu'en cas de très grande peur, un humain peut aussi perdre le contrôle.

La peur est communicative chez les oiseaux, comme chez les humains, et des groupes entiers peuvent être pris de violents mouvements de panique. Mouvements de foule qui mènent parfois à la catastrophe, alors qu'il n'y avait en réalité nul danger. Comme pour le pinson se fracassant contre la vitre, la peur est alors la seule origine du mal.

Les oiseaux diurnes ont-ils, comme nous, peur du noir ? Nul ne le sait, sinon que quand la nuit tombe, ils filent se cacher pour dormir bien à l'abri. Il faut dire que c'est nous, humains, qui avons décidé de défier les rythmes naturels en maintenant notre activité même la nuit, inventant pour cela une lumière artificielle. Nos yeux ne sont pas conçus pour bien voir dans le noir. Livrés à nous-mêmes la nuit, en pleine nature, nous sommes bien plus terrorisés que les oiseaux !

Les oiseaux partagent certaines de nos autres phobies : ils sont, pourrait-on dire, « claustrophobes » ; ils supportent mal d'être enfermés. Par ailleurs, certaines espèces, particulièrement sociables, ne supportent pas la solitude et ne sont rassurées qu'en groupe. Dans la peur comme dans tant d'autres choses, eux et nous sommes semblables.

Alors à quoi sert la peur ? Presque tous les êtres vivants sensibles sont « programmés » pour la ressentir. Et c'est salutaire : cette émotion est notre garde-fou, elle nous permet de prévenir le danger. La peur est ce qui nous sauve, et l'humanité – comme les pinsons – doit rendre grâce aux froussards.

Toute peur humaine découle, de près ou de loin, de la crainte de la mort. Elle est *la* peur fondamentale. De même chez l'oiseau. L'oiseau craint le prédateur. S'il est toujours aux aguets, c'est qu'il se sait en sursis. Nous autres, hommes et femmes, n'avons plus guère à redouter de « prédateurs » (à l'exception notable toutefois… des autres humains !) ; la possibilité que nous nous trouvions nez à nez avec un tigre ou un ours polaire est fort mince… Mais nous continuons pourtant d'avoir peur.

Si beaucoup de ces appréhensions sont liées à un danger réel (accidents, vulnérabilité de son enfant, etc.), la plupart de nos frayeurs découlent du travail de notre imagination. Comme l'oiseau, qui s'alarme d'un simple mouvement de feuilles. Notre cerveau bâtit des scénarios catastrophes parfois invraisemblables, nous appréhendons certains événements avec des craintes disproportionnées. Sommes-nous menacés de mort si nous ratons cet examen, si nous rougissons devant la personne qui nous plaît, si nous passons la nuit dans l'obscurité la plus complète, si nous changeons de travail, et, d'une manière plus générale, si nous échouons ? Alors, pourquoi réagissons-nous si fort ?

Comment, avec nos cerveaux si évolués d'humains, sommes-nous parfois aussi troublés que le premier bouvreuil venu ?

D'autant que la peur peut nous gâcher la vie, nous plonger dans un état de stress nocif pour la santé : trop d'angoisse fait perdre le sommeil, l'appétit, affaiblit les défenses immunitaires… Dans certains cas de frayeur violente, ceux qui ont le cœur un peu fragile – humains comme oiseaux – peuvent être victimes d'une attaque cardiaque.

Comment différencier une bonne peur d'une mauvaise ? Une peur légitime d'une irrationnelle ?

L'oiseau en est incapable. Nous avons cet avantage sur lui : la capacité de réfléchir, de prendre du recul. L'oiseau écoute sa peur avant toute chose, il doit survivre, s'envoler, vite. Alors que nous sommes en mesure, la plupart du temps, de contenir nos angoisses irraisonnées. Mais, d'un autre côté, nous avons quelque peu perdu la capacité animale à ressentir les émotions profondes au fond de nous, et à savoir que parfois, c'est vrai, il faut entendre ce que nous dit la peur – parce que son message est essentiel, parce qu'elle a aussi une vraie utilité : elle peut nous protéger.

La « mauvaise peur » empêche d'avancer : elle nous paralyse, nous sclérose. Elle se nourrit de bonnes excuses pour que nous ne prenions pas de risques, elle nous empêche de vivre vraiment.

Et parfois, nous refusons d'écouter nos « bonnes peurs », celles qui viennent du plus profond de nos entrailles : quand par exemple nous savons que ce poste, même bien payé, ne correspond pas à nos valeurs et que nous l'acceptons pourtant. Quand nous sentons que la fréquentation d'une personne ne nous fait pas de bien, que ce vendeur est malhonnête, et que nous faisons taire cette petite voix, que nous y allons quand même.

Pourquoi est-ce si difficile de donner crédit aux vraies alarmes et de réprimer les mauvaises ? Peut-être faudrait-il écouter davantage notre corps et ses sensations – nous souvenir de notre instinct animal. Le cerveau peut nous jouer des tours, ce raisonneur qui trop souvent fait taire le cœur. Plus nous sommes en phase avec nos émotions, moins nous les étouffons, et plus nous sommes à même d'entendre ce qu'elles ont à nous dire.

Ce que l'accent nous dit de l'Autre…

Pinson de Calais ou pinson de Marseille ?

La richesse des chants des oiseaux est source d'admiration pour tous ceux qui sont sensibles aux sons et à la musique. Chaque espèce a son propre langage, ses cris qui contribuent à la rendre unique.

Des études récentes ont été menées sur les « accents régionaux » que peuvent développer des populations d'oiseaux au sein d'une même espèce. Parmi les oiseaux qui en présentent de variés, on peut citer des passereaux comme le bec-croisé des sapins ou encore le pinson des arbres, habitué des forêts, des parcs et des jardins urbains. Intéressons-nous à ce dernier. Pour peu qu'on l'écoute avec attention et qu'on ait l'oreille assez fine, on ne manquera pas de remarquer que, selon que l'on soit à Strasbourg, Paris, Ajaccio ou Pau, le chant du pinson des arbres est un peu différent. Eh oui, un pinson marseillais ne cause pas tout à fait pareil que le pinson breton ! Si le phrasé est sensiblement le même, il existe des fioritures ici qui sont absentes là, de petits rajouts au final du chant. On parle alors d'accent ou de dialecte. Mais à quoi servent ces distinctions ? La réponse n'est pas évidente, si ce n'est qu'en développant un type de chant spécifique à chaque contrée, les pinsons trouvent une façon de se reconnaître entre individus d'un même coin. Et d'empêcher la venue d'un pinson à l'accent « étranger » ? C'est possible, en effet. Ce que l'on sait, c'est qu'un pinson qui s'installe dans une nouvelle région doit modifier son chant pour pouvoir se fondre parmi ses congénères. Tout comme… nous !

Dans la rue, au café, dans le train, notre oreille repère tout de suite un accent qui n'est pas « d'ici ». Certains nous semblent agréables, séduisants ; d'autres nous amusent ; d'autres encore nous paraissent franchement vilains. Est-ce seulement une question de goût ? Sans doute pas. Tout ce que l'imaginaire collectif peut mettre derrière un accent influe certainement sur la façon dont on le perçoit. Ainsi, l'intonation québécoise de nos lointains « cousins » d'Amérique semble tout de suite sympathique aux Français. Tandis que l'accent d'une région limitrophe à la nôtre pourra être moins bien perçu : banlieusard, parisien ou chti, etc., autant d'étiquettes difficiles à enlever. Personne n'y échappe : l'endroit dans lequel on baigne nous influence dès notre plus jeune âge. Certains, fiers de leurs origines, sont à l'aise avec cela ; d'autres, gênés, cherchent à gommer leur accent. Plus drôle : beaucoup de personnes sont persuadées de ne *pas* en avoir, d'accent. Et pourtant, nous en avons tous un aux oreilles de nos voisins. Et, comme le pinson, en changeant de lieu de vie, nous aurons tendance soit à adopter celui du coin où nous vivons désormais, soit – le plus souvent – à perdre le nôtre au profit d'intonations plus « neutres ».

Comme le pinson chassera sans doute l'intrus doté d'un chant à peine différent du sien, n'avons-nous pas (même inconsciemment) une petite lampe qui s'allume lorsque nous entendons un accent « étranger » ? « Ah, vous, vous n'êtes pas de chez nous ! », peut-on même s'entendre dire. L'accent semble vouloir nous en apprendre plus sur l'Autre que ce qu'il n'est lui-même prêt à dévoiler. Cet à priori peut ensuite engendrer des réactions qui ne sont pas forcément bienveillantes. Au contraire, quand sonne à nos oreilles un accent qui nous est familier, on sait immédiatement que celui qui parle « en est ». Ce qui génère un mouvement naturel de sympathie, de connivence, et ouvre le dialogue. Est-ce ainsi pour deux pinsons d'une région donnée qui se rencontrent ailleurs ? Pensent-ils : « Ah ! vous aussi, vous êtes de ma région ! » Nous ne sommes finalement pas beaucoup plus évolués que les pinsons...

Quelle est la meilleure stratégie amoureuse ?

Raison (du manchot) ou passion (du canard) ?

« Faire l'amour comme une bête. » Cette expression, pas très subtile, a-t-elle un fondement ? Elle pose un prérequis : les animaux ne font pas l'amour, mais pratiquent l'acte sans retenue ni sentiment.

Les oiseaux font partie de cette longue cohorte d'êtres supposés inférieurs pour qui l'acte sexuel serait quelque chose de forcément obtus et brutal. Si l'on regarde le canard colvert, c'est vrai.

À la période des amours, très tôt en saison (au milieu de l'hiver), les mâles de canards colverts, qui ont revêtu leur plumage de noces, commencent à s'affairer autour des femelles.

Mais chez les canards, il y a souvent plus de mâles que de femelles. Il n'est pas rare de voir deux, trois, quatre, six mâles de canards colverts courtiser une pauvre cane, qui tentera désespérément de trouver son salut dans la fuite. Peine perdue. Elle est bientôt rattrapée et un mâle lui grimpe dessus. Suivi d'un autre qui monte sur le premier, un troisième sur le second… Si bien qu'il arrive que l'infortunée femelle périsse noyée sous les assauts des mâles.

Mais tous les oiseaux ne sont pas ainsi, bien au contraire. Nous n'en connaissons pas qui jouent de la mandoline devant leur belle, mais ce n'est pas loin. Prenons les sternes, que l'on appelle aussi « hirondelles de mer » car avec leurs ailes fines, leur longue queue fourchue et leur vol souple, elles leur ressemblent un peu. La saison des amours revenue, le mâle ne se rue pas goujatement sur la femelle mais entreprend de la séduire. Avec patience et… cadeaux. En effet, pour l'inciter à pondre, il lui apporte de petits poissons qu'il lui offre sur le lieu même où ils ont bâti le nid (ce qui lui permet sans doute de lui montrer qu'il est bon pêcheur et rapportera la nourriture aux futurs petits). Les offrandes achèvent de la convaincre et facilitent ensuite une copulation toute en délicatesse… Mais renforcent également les liens du couple, qui mèneront ensemble l'élevage des jeunes jusqu'à leur émancipation.

Dans le même esprit, le manchot papou d'Antarctique canalise sa passion. Le mâle ne va avoir de cesse d'offrir des cailloux à sa compagne. En se dandinant, car il n'est pas très à l'aise sur terre, il fait d'innombrables allers-retours entre le bord de mer et l'endroit où la femelle va pondre, pour ramasser un à un des cailloux qu'il porte consciencieusement dans son bec pour les apporter jusqu'au site des amours. Là, il les dépose au pied de sa femelle, puis repart en chercher un nouveau. Ensuite, lorsque le nombre est suffisant, il les arrange (avec amour, dira-t-on) pour qu'ils forment comme une petite bordure circulaire qui entourera les deux œufs pondus. C'est totalement inutile, car ceux-ci sont déposés à même le sol, sans autre forme de procès. Mais voilà, la femelle aime les cailloux et les défendra jalousement si un individu d'un couple voisin, par paresse, tentait de lui en grappiller un.

Y a-t-il des oiseaux plus raisonnables que d'autres, plus réfléchis ? Poser la question, c'est sans doute déjà biaiser le sujet avec notre regard humain. Ce que l'on peut constater, c'est que les espèces plus « raisonnables » et moins

« passionnelles », celles qui prennent le temps de se séduire, ont une reproduction moins agitée. En renonçant à l'opportunisme sexuel du canard colvert ou d'autres espèces, les sternes ou les manchots, par exemple, garantissent un plus grand succès à leur reproduction, les deux partenaires du couple étant impliqués dans la couvaison et l'élevage des poussins. Le colvert, une fois la copulation terminée, désertera, lui, femelle et couvée... Chez les oiseaux, un couple « raisonnable » semble avoir plus de garanties de bien élever ses petits que les oiseaux ayant des rapports « passionnels » et où la femelle reste seule à bord pour s'occuper des jeunes. Un peu comme chez nous ? L'homme y verrait sans doute une « morale », là où les oiseaux ne pratiquent qu'une stratégie liée à la pérennisation de l'espèce.

Que nous raconte la beauté ?

Plumage, mon beau plumage…

Papillons, poissons tropicaux, oiseaux. Leurs couleurs flattent l'œil humain, qui voit souvent ces animaux comme des incarnations parfaites de la beauté. Il est vrai que les oiseaux présentent des atouts considérables : l'élégance naturelle du vol, la forme des plumes, notamment lorsqu'elles sont longues et prolongent la silhouette (aigrettes, filoplumes…), des nuances qui semblent se combiner à l'infini. Enfin, et pour couronner le tout, le chant qui met en musique ce festival chamarré. Du moins pour les espèces qui portent une telle livrée. Ce n'est pas le cas de toutes, comme nous le verrons plus loin.

Du point de vue des oiseaux, ces plumes colorées ont d'abord un aspect fonctionnel et comportemental très important. Elles leur permettent de communiquer avec leurs congénères, de séduire lors des parades nuptiales, même si la beauté « gratuite » n'est sans doute pas totalement exclue.

Alors que chez les humains les canons de la beauté sont davantage tournés vers la femme, c'est l'inverse chez de nombreuses espèces d'oiseaux où ce sont les mâles qui portent les couleurs les plus vives. Leurs femelles revêtent un plumage plus discret, pour se fondre davantage dans le milieu naturel, du fait de la part importante qu'elles prennent lors de la couvaison et de l'élevage des jeunes. Un plumage un peu terne protège mieux des prédateurs. C'est une question de survie. Les mâles très colorés deviennent, eux, des proies plus évidentes au printemps, lorsqu'ils arborent leur superbe plumage. À certaines exceptions près, où ces teintes vives peuvent aussi offrir de parfaits camouflages. Prenons le loriot d'Europe, au plumage jaune vif et noir. En vol, difficile de le rater tant le plumage est contrasté. Mais posé dans un arbre (il est forestier), il devient tout à fait invisible. Simplement parce que cet agencement de noir et de jaune mime parfaitement le clair-obscur des frondaisons.

Pourtant, ces atours, qui ne vont la plupart du temps pas sans danger, sont nécessaires pour conquérir la femelle. Celle-ci choisira le plus souvent le mâle le plus démonstratif, gage d'une vitalité certaine et d'une bonne santé. Un géniteur qui s'exhibe est un bon géniteur.

On remarquera d'ailleurs que les espèces d'oiseaux qui partagent les tâches ou s'associent pleinement pour élever les jeunes revêtent souvent le même plumage : on dit alors qu'il n'y a pas de dimorphisme sexuel – en d'autres termes, qu'ils se ressemblent. Ainsi, difficile de distinguer un mâle d'une femelle chez les goélands ou chez les corneilles ! Il faut noter que chez les humains, qui cachent leurs parties génitales, le dimorphisme sexuel n'est pas toujours si frappant, puisqu'il est nécessaire de l'accentuer par des artifices : coiffures, vêtements, gestes typiques signant un caractère masculin ou féminin, parfums distincts – voitures distinctes ! L'injonction de se différencier est très forte. Et ceux qui transgressent ces codes sont souvent sévèrement jugés. Une femme qui ne s'épile pas ou un homme qui se met en jupe seront critiqués avec une brutalité qui pose question. Pourquoi avons-nous si peur de confondre un homme avec une femme ?

Quoi qu'il en soit, chez les humains aussi, la beauté est un fort atout de séduction. Quitte à tricher un peu, grâce à quelques artifices améliorant notre physique. Mais alors, séduire, est-ce toujours mentir ? Pensons au mythe du cygne de Léda, et de Jupiter qui la désire, se transformant en oiseau pour abuser de sa crédulité : séduction et sincérité ne vont pas toujours de pair. L'artifice va là jusqu'à la transformation totale. C'est le cas également de certains oiseaux mâles qui se « métamorphosent » réellement au printemps, se dotant d'un plumage somptueux qu'ils ne garderont pas une fois les amours terminées. Cruelle désillusion ! Ainsi ces hommes et femmes qui déploient tous leurs atours et toute leur beauté dans la période de séduction, et les laissent (à tort) en friche une fois qu'ils pensent leur couple acquis.

Si, d'ailleurs, on creuse un peu plus le sujet, on se rend compte que chez l'oiseau, un plumage magnifique cache un manque. Et ce manque, c'est l'aptitude au chant. Même s'il y a toujours des exceptions, la plupart des espèces chez lesquelles le mâle est richement paré ne produisent que de piètres vocalises. Or le chant est un atout important dans le processus de la reproduction. À l'inverse, les meilleurs « chanteurs » sont souvent ceux dont la livrée est la plus modeste :

rossignol tout de brun vêtu, merle noir, grive musicienne à peine piquetée de petites taches beiges, etc. Les virtuoses sont donc de grands modestes. On dirait que l'évolution n'a pas beaucoup donné le choix aux oiseaux : plumage ou ramage. Certains n'ont même ni l'un ni l'autre, comme les corneilles et les corbeaux. Mais ils ont pour eux l'intelligence !

À croire qu'on ne peut jamais tout avoir...

Petit aparté toutefois.

Une étude récente mérite d'être signalée : elle montre que chez une espèce de petit passereau – le tarin des aulnes – dont le mâle a un plumage jaune, vert et noir, les femelles choisissent les plus colorés, donc les plus beaux, parce qu'ils sont aussi les... plus malins. Comment cela ? Les oiseaux ne synthétisant pas eux-mêmes certains pigments (jaunes, rouges, orange), ils sont donc obligés de les trouver dans la nature, par le truchement de leur nourriture. Ainsi, les mâles qui trouvent le plus aisément leur pitance ont le plumage le plus vif. Et cela n'échappe pas aux femelles : le mâle le plus coloré est celui qui saura le mieux trouver de quoi nourrir également... sa progéniture ! La « beauté » est ici un marqueur important dans le processus de sélection. Le tarin mâle signale aux femelles ses aptitudes à travers son plumage. Après tout, un homme ou une femme bien apprêtés attirent facilement le regard. Or la séduction, en grande partie, c'est aussi savoir se mettre en valeur, avec une certaine forme d'intelligence. De là à penser qu'il y a derrière, à la manœuvre, un processus de sélection reproductif, c'est au lecteur de se faire sa propre opinion !

Apprendre à mourir, apprendre à vivre

Les hirondelles se cachent pour mourir

Les oiseaux se cachent pour mourir, dit le dicton. Et c'est la vérité. Mis à part ceux qui se cognent contre une voiture ou une vitre, avez-vous déjà trouvé une hirondelle morte ? Êtes-vous souvent tombé sur des cadavres d'oiseaux ? Non. Parce que soit l'oiseau malade ou affaibli se fait attraper par un prédateur – qui le mange –, soit il a le temps d'aller se dissimuler quelque part – pour rendre son dernier souffle.

Chez les oiseaux, il n'y a pas de malades au long cours, ni de très vieux. Dès qu'un oiseau n'est durablement plus en forme, la nature se charge d'emporter sa vie. Est-ce cruel ? Ou bien est-ce nous qui sommes barbares de prolonger la vie au-delà de ses limites, de faire supporter à des malades condamnés ou à des personnes très âgées des semaines et des semaines de souffrance ? La nature ne laisse pas la douleur durer longtemps. L'agonie est toujours brève. Et la déchéance, physique ou mentale, n'existe pas. Dans le monde des oiseaux, au fond, la vie fait bien les choses.

Philosopher, c'est apprendre à mourir, disait Montaigne. En réalité, c'est s'y préparer. Mais le peut-on ? Toutes les philosophies et religions l'enseignent : la meilleure façon de se faire à l'idée de notre inéluctable disparition et de celle de ceux qu'on aime, c'est de vivre sa vie pleinement, au temps présent. En sachant discerner et savourer ce qu'elle nous donne : ce rayon de soleil, cette pêche juteuse, ce sourire inattendu, cette tourterelle turque qui vient picorer dans le jardin, cette mésange huppée qui fait des acrobaties sur une branche… Mais la petite mésange, justement, a-t-elle besoin de se faire à l'idée de la mort ? Non, bien sûr. Parce que profiter de chaque moment, apprécier chaque graine glanée, chaque rayon de soleil, elle le fait déjà. Elle n'a pas besoin qu'on lui enseigne cette vérité, elle n'a pas besoin de philosopher : elle est déjà tout entière dans sa vie. Les oiseaux seraient-ils des sages, au fond ? La mésange ne projette pas son existence, elle ne planifie pas, elle ne remet pas à demain, elle ne s'imagine pas que ça sera mieux plus tard. Elle vit.

Combien de fois entendons-nous, chaque jour, des gens s'imaginer leur vie meilleure « plus tard » : quand ils auront rencontré l'amour, ou bien divorcé, quand ils seront en vacances, ou à la retraite, quand ils auront changé de travail, fini leurs travaux ou reçu une augmentation... ? Mais « plus tard », parfois, souvent, c'est trop tard. Bien sûr qu'il faut rêver et que certains changements sont utiles. Mais la vie, c'est ici, maintenant. Qui sait si nous serons vivants ce soir ? Qui sait ce que la mort nous réserve ? Et qui sait ce qu'elle réserve à ceux que nous aimons le plus ? Pourquoi ne pas être un peu plus comme les oiseaux, dans l'intensité du présent, pour ne pas avoir à mourir le cœur plein de regrets ?

Les oiseaux ne pensent pas à leur mort future, ils ont cette chance de ne pas la concevoir et l'intellectualiser comme nous le faisons ; ce qui ne les empêche pas d'être malgré tout conscients de leur propre finitude et fragilité, de tout mettre en œuvre pour leur survie et d'être inquiets de tout prédateur. Et au fond, il est vrai qu'il ne sert à rien de penser à la mort, de s'en angoisser en l'absence de danger, car cela ne change rien.

Mort et vie sont une seule et même chose, l'une ne va pas sans l'autre, c'est la loi immuable pour tous, hommes, animaux, végétaux. Notre existence est remplie de petites morts, de deuils, de ruptures, de débuts, de renaissances. Et d'ailleurs, biologiquement, rien ne meurt jamais vraiment : à notre mort, nos atomes ne disparaîtront pas, ils se recycleront et certains s'incorporeront à un ver de terre ou à une fleur, qui peut-être seront mangés par un oiseau, et ainsi de suite. Les sagesses asiatiques fondent leur philosophie sur ces cycles. L'Occident, dans sa vision un peu linéaire des choses, l'oublie parfois. Mais la nature et les oiseaux nous le rappellent, à raison.

Peut-être n'est-il pas nécessaire d'apprendre à mourir. Mais tout simplement d'apprendre à vivre.

Conclusion

S'adapter ou disparaître ?

Dans notre monde en pleine mutation, entre réchauffement climatique et destruction des milieux naturels, de nombreuses espèces d'oiseaux sont en train de disparaître. Et nous ? Survivrons-nous au monde artificiel que nous sommes en train de créer ?

Comment les espèces s'adaptent-elles à leur environnement, au fil du temps ? C'est l'une des grandes questions de l'évolution, elle qui gouverne l'apparition et la disparition de *toutes* les espèces. Même si nous, les hommes, pensons pouvoir nous y soustraire : grâce à notre puissante intelligence, bien sûr… ou grâce à une intervention divine ? Nous ne nous sentons pas concernés. Et pourtant…

Darwin est le premier qui nous a éclairés sur cette grande machine de l'évolution qui a fait apparaître, vivre et disparaître des millions d'espèces depuis l'apparition de la vie sur terre. Une espèce se transforme en une autre, puis une autre, et ainsi de suite. Il suffit de se retourner un instant sur le passé pour comprendre que l'évolution procède d'un temps long, très long. Ainsi, les oiseaux sont apparus il y a environ cent cinquante millions d'années – et pas en quelques jours… Ils proviennent d'un groupe de dinosaures – les théropodes – et sont considérés comme les seuls descendants de ces animaux, aujourd'hui disparus. Le passage du vélociraptor à l'archéoptéryx puis au chardonneret, par exemple (et pour faire bref), a pris des millions d'années. Les plumes chatoyantes, la faculté de voler longtemps, le chant, toutes ces choses ne sont pas apparues d'un coup de baguette magique. Il y a eu des périodes d'explosion en matière de diversité d'espèces, suivies souvent d'extinctions de masse et ainsi de suite. Telle a pu donner naissance à plusieurs autres ou, au contraire, s'éteindre sans laisser de traces. Il y a eu des dizaines de milliers d'essais-erreurs, qui ont conduit à des culs-de-sac évolutifs. C'est ainsi, dans cette glaise de vie, que les oiseaux, mais aussi les mammifères et tout le Vivant, ont pris vie.

Les humains n'ont pas échappé à la règle, issus qu'ils sont d'une lignée de primates qui a donné, *in fine*, les espèces du genre *Homo* dont nous sommes le dernier avatar… pour le moment. Jusqu'à il y a peu, *Homo sapiens* (c'est notre nom savant) évoluait à peu près comme les autres espèces, c'est-à-dire lentement, s'adaptant à son environnement et, grâce à l'importante capacité de son cerveau, améliorant son existence, sa santé et son espérance de vie. Au fil du temps, l'homme a permis aux espèces vivant avec lui de bénéficier de certains de ces avantages (c'est ainsi que sont nés les animaux domestiques, chien, chat, cheval, etc.). Mais pour le reste du Vivant, c'est toujours la machine évolutive qui est à la manœuvre. Ainsi pour les oiseaux.

Tout se passait au mieux dans le meilleur des mondes jusqu'à ce que l'homme appuie sur la pédale d'accélération. En asservissant la planète, en la mettant sous sa coupe et, surtout, en bousculant considérablement l'équilibre naturel, il a induit des bouleversements colossaux dans les écosystèmes, mais aussi, depuis quelques décennies, dans le climat même de la terre. Si bien que le temps long nécessaire à l'évolution des espèces s'est trouvé à son tour bousculé. À présent, l'homme vit dans l'immédiateté : il faut aller toujours plus vite, produire plus, construire plus, modifier notre comportement plus rapidement (et surtout en permanence).

Mais le Vivant n'était pas préparé à cela. Les pressions humaines sur la nature ont obligé beaucoup d'espèces à s'adapter (aussi vite que cela est possible...) ou à disparaître. C'est pourquoi les scientifiques n'hésitent plus à parler d'une sixième extinction de masse, qui entraîne un immense appauvrissement de la biodiversité, lui-même induisant une fragilisation énorme des écosystèmes.

Ce n'est pas la première extinction, objectera-t-on, puisqu'il y en a eu cinq avant, toutes s'étant produites bien avant que l'homme soit sur terre. Et à chaque fois l'histoire de la vie a recommencé. Certes oui, mais celle-ci est différente : elle est due à l'action de l'homme. Alors que les précédentes extinctions se sont produites sur un temps relativement long – et plus long encore pour reconstituer la diversité du Vivant –, celle qui arrive est foudroyante et sans grand espoir de récupération rapide.

Ouvrons nos yeux et nos oreilles. Et pour qui s'intéresse un peu à ce qui vole et qui chante autour de lui, il ne pourra que constater que les alouettes, les hirondelles et bien d'autres oiseaux ont fortement diminué, et ce dans un laps de temps particulièrement court (quelques décennies à peine, ce qui n'est rien à l'échelle de l'évolution). On pourrait citer les cas d'espèces qui ont réussi à s'adapter très rapidement. Mais pour la majorité, s'adapter à un écosystème en perpétuel chambardement, c'est difficile, voire impossible. C'est pourquoi on n'est guère étonné d'apprendre que 25 % des dix mille espèces d'oiseaux peuplant la terre risquent de disparaître avant la fin de ce XXIe siècle. Des dizaines de milliers d'espèces animales et végétales vont s'éteindre.

Les espèces d'oiseaux les plus spécialisées, ou vivant dans des écosystèmes limités géographiquement sont, bien entendu, les plus exposées, celles qui risquent les premières d'être rayées de la planète. Mais méfions-nous tout de même. Il viendra peut-être un temps où les espèces les plus adaptables seront elles-mêmes prises dans la spirale. Et au premier rang desquelles pourrait bien figurer l'homme, victime finale d'un accident évolutif lié à une pédale de vitesse qu'il ne maîtriserait plus. Est-ce ce que nous voulons ? Un environnement inhospitalier, un monde sans oiseaux ? Un monde où nous expliquerons à nos enfants comment nous avons fait disparaître les hirondelles ? Si nous laissons faire ça, c'est aussi à nous que nous couperons les ailes. Nous croire au-dessus des autres espèces, capables de réduire la nature à notre propre volonté, flatte sans doute notre désir de toute-puissance, mais cela semble bien illusoire. Nous sommes aujourd'hui à la croisée des chemins. Nous avons notre destinée en main, comme si nous y tenions bien serré un pinson au cœur palpitant, presque écrasé entre nos doigts, qui ne demande qu'à s'envoler. À nous de décider si nous voulons ouvrir la main, et le laisser s'envoler ou… la refermer. Et si la dernière des leçons à retenir était aussi la plus évidente ? Le jour où nous déciderons vraiment de protéger les oiseaux, c'est aussi le jour où nous aurons décidé de nous protéger nous-mêmes.

Table des matières

RÉALISATION : NORD COMPO À VILLENEUVE-D'ASCQ
IMPRESSION : NORMANDIE ROTO IMPRESSION S.A.S À LONRAI
DÉPÔT LÉGAL : NOVEMBRE 2019. N° 135894-12(2302181)
Imprimé en France